わが人生 28

◉株式会社PALTEK創業者
髙橋忠仁

多様な存在との共生

神奈川新聞社

屋久島の森は生命に溢れている。屋久杉の必要なところを利用し、あとは森に返し森は傷を癒すかのように苔で覆っていく。種が芽吹き次の千年へと時を刻んでいく。

撮影・文　山下大明

巨大な花崗岩の上に森ができる。絡み合う木々の根
を支える菌根ネットワーク。共生は眼に見えない
強い絆で紡がれる。信用ができて信頼が生まれる、
そのことを樹々に示されている。

照葉樹林にヤマザクラが咲く。低地の照葉樹林は、屋久島でも6%ほどしか残されていない。杉の植林と引き換えに消えたこの多様性の森は、島の宝として残されねばならないが、保護の担保は何ひとつない。

ガッシリと岩を掴んで立ち尽くす屋久杉。周りに支えられ、周りを支えて生きてきた。共に生きるという人の世での難しさを、簡単に体現している森の木々の美しさに時間を忘れる。

多様な存在との共生

本書は神奈川新聞「わが人生」欄に２０２４（令和６）年7月1日から10月４日まで、62回にわたって連載されたものに加筆しました。本文中の内容は、注記のない限り、新聞連載当時のものです。

――プロローグ

故郷・屋久島で得た「共生」の思想

１９８２年、横浜・青葉区（当時は緑区）の借家の一室で半導体販売商社「株式会社ＰＡＬＴＥＫ」を立ち上げました。金なし、人脈なし、情熱あり。大量生産が主流の業界で、あえて付加価値の高い多品種少量に対応する半導体の提供を貫きました。

その業務を要約すれば「世の中が困っていることを、半導体という電子的な器を使って解決するお手伝いをする」ことです。一例を挙げると、かつての日本は世界一安定した電力供給国で、医療機関は長時間の停電を想定していませんでした。そこへ東日本大震災。私たちは即、研究を開始し、長時間（72時間以上）提供可能な医療機関向けの停電対策システムを構築し、提供しました。

ＰＡＬＴＥＫは現在、東証プライム市場に上場している「株式会社レスター」グループ（年商５０００億円）に入っています。

私の経営理念は「共生」です。多様な存在が助け合って生きる――。その思想の根っこを故郷の鹿児島県屋久島で学びました。

九州地方最高峰の屋久島・宮之浦岳（海抜1936メートル）で。咲き誇るヤクシマシャクナゲは「屋久島町の花」に指定されている＝2010年

島の面積の約21％がユネスコの世界自然遺産に登録されています。急峻《きゅうしゅん》な山と日本一の雨量が、亜熱帯から亜寒帯に及ぶ多様な植物相を生み、それぞれが役割を担って豊かな森を創っています。シンボルの樹齢1000年を超す屋久杉は単独で存在しているのではなく、コケ植物たちと地衣類に支えられて生きています。コケと巨木は、命の価値において対等です。

PALTEKが所属するエレクトロニクス業界でも、一企業で全てが完結する時代から、多様な企業が互いに共生する時代に変化しています。

私は鹿児島高専電気工学科の3期生で

名誉卒業証書を授与されて＝2023年

趣味はシーカヤック。年に数回帰る故郷、屋久島・一湊《いっそう》の海と川が舞台です。１人で舟をこぎ、豊かな自然と対話します。波の音しか聞こえません。

す。しかし、１９７０年、卒業目前だった５年の３学期に、やむなく中退しました。私が水俣病に関して学校新聞に書いた「志や理念のないエンジニアが公害を引き起こした」という記事が校長の怒りを買い、持論を撤回するか学校を辞めるかと迫られたのです。

それから53年後の２０２３年、同校から私に名誉卒業証書が贈られました。「高専生がピュアな志をはぐくむために役立てて」と私が1億円の寄付をしたためです。高専時代に身に付けたものの見方が、社会に出て役立ちました。

〝団塊世代〟ど真ん中

鹿児島県大隅半島の佐多岬。その南西約60キロメートルの位置に浮かぶ屋久島が私の故郷です。面積は約５０４平方キロメートル。鹿児島県の島では奄美大島に次ぐ広さで、空路で鹿児島空港から約30分、海路なら高速船で１時間45分ほどの距離です。人口は１万１千人余り。現在は口永良部島とともに屋久島町を形成しています。

皆さんは、屋久島と聞いて何を思い起こしますか。日本で初めてユネスコの世界自然遺産に登録された豊かで美しい自然、とりわけ樹齢数千年の屋久杉（一説には7千年の杉も）は有名です。何しろ、島の面積の90％が森林で、約21％が世界遺産。私は、まず独特な「匂い」を思い浮かべます。照葉樹林に満ち満ちた、甘いような、説明しがたい匂いです。

他にも日本有数の生産量を誇る屋久島のポンカン、タンカンなどのかんきつ類、漁業ではトビウオやサバ漁が盛んです。また、作家の林芙美子が小説「浮雲」で「屋久島は月のうち、三十五日は雨」と紹介しているほど雨量が多い。年間平均降水量は平地で約４５０0ミリ、山地では8千~1万ミリに達します。平年値約４６００ミリというのは全国１。「浮雲」は高峰秀子と森雅之の共演で映画化されて世評が高く、終幕は雨の屋久島が舞台でした。この雨が、世界遺産を育む、一つの要素になっています。

今でも年に数回、屋久島に帰ります。島には私を育んだ“養分”が満ちています

私は自然の恵みを受けて育ち、今につながる考え方の基本を学びました。父に連れられて森林に分け入り、巨大な屋久杉がコケ植物たちと地衣類に支えられていること、大きく言えば「生命の連鎖」「共生」の思想を体得しました。そのことは、おいおい、この連載で書いてまいります。

私は１９４８年10月24日、屋久島の北部にある一湊《いっそう》という地区に生まれました。いわゆる〝団塊の世代〟のど真ん中です。この世代が生きた青春時代は学生運動や反公害運動が盛り上がり、従来の価値観が激しく揺さぶられました。そういう環境が、後年の私の思想や仕事に大きな影響を与えました。この点も、後に詳述します。

私は父・治彦（１９１７年生まれ）、母・キヨ（24年生まれ）の間にできた7人きょうだいの次男です。7人きょうだいと聞いて驚く方もいるでしょうが、当時の鹿児島では「10人きょうだい」が珍しくありませんでした。しかし、幼くして消えた命も多かった。私のすぐ上の兄（長男）は1歳で、すぐ下の妹（次女）は3歳で亡くなりました。

〝片道3里〟の手伝い

私の故郷・屋久島の北部に位置する「一湊《いっそう》」は、天然の良港である一湊湾を抱える半農半漁の集落でした。両親ときょうだい7人（うち2人は幼くして他界）の所帯を支える柱は、父の漁業と母の農業でした。漁業の主たるものはサバの一本釣りで、集落には〝さば節〟の大きな工場が並んでいました。

農業は一湊には水田がないので、母が段々畑にサツマイモなどを育てていました。ですから、私の幼少期は、お米だけのご飯を食べた記憶がありません。多くがサツマイモなどを炊き込んだ食事で、おかずは焼いたサバやトビウオ。私たち家族だけでなく、皆が一様に貧しい時代でした。けれども、その食事が嫌だとか、まずいとは決して思いませんでした。食べ物について、出されたものの好き嫌いなどを言う〝選択の余地〟はなかったのです。それが普通でした。

島の北西部にある「永田」という集落が母の生地で、そこには水田がありました。私は小学生の頃、サバなどの魚を入れた籠を背負って、母と一緒に片道3里（約12キロメートル）の海沿いの山道を、一湊から永田まで往復しました。現地で穀物を交換するためです。この仕事のおかげで、随分足腰が鍛えられました。後に東京で新聞配達のアルバイトをしている時期に、山道で鍛えた忍耐力と持久力が役立ちました。すぐ「疲れた」「きつい」と音を上げる周囲の人たちが不思議でした。

サバの一本釣りは、一湊に古くから伝わる伝統的な漁法です。夕方に4、5トンの小型船で港を出て、漁を終えて朝方に帰港します。しけになると小型船では対処できず、鹿児島県・薩摩半島南端の枕崎などから大型の船がやって来ます。私たちは夕方、父たちを伝馬船（はしけ舟）という小舟に乗せて櫓《ろ》をこぎ、大型船まで送り届けます。翌朝、伝馬船で父を出迎えます。これは、近所の男の子の大切な仕事でした。

櫓をこぎながら父たちの背中を見ていると、豊漁だったか、不漁だったか分かるようになりました。無言の背中が語っていました。子どもたちは、みんな、それを理解していました。遭難事故もありました。浜辺に遭難者の遺体が並べられた光景も見ました。大人たちの労働と生活、その喜怒哀楽を日常的に体感していました。現代は、そういう経験が希

わが家に保存されている1955年ごろの一湊湾と集落の写真

薄になっているようで、残念です。

私が小学3、4年生当時のことと記憶していますが、屋久島周辺のサバ漁が不振になると、父と仲間たちは三浦市の三崎漁港に出稼ぎに行きました。トロール船による漁法の普及も、一本釣りには痛手になったようです。父だけでなく、集落の漁師が、こぞって三崎に乗り込み、サバ漁に就きました。

後々の話ですが、私は父と三崎漁港を訪れたことがあります。自分が乗っていた「永安丸」を見つけ、その船体に触れる父のうれしそうな、誇らしげな顔を思い出します。

貧しいが愛があった

私は1955年4月、上屋久村立一湊《いっそう》小学校に入学しました（3年後に町制施行、現在は合併により屋久島町立に）。幼稚園には行っていません。当時、住人3千人ほどだったと推察される一湊に、というより、屋久島全島に幼稚園はなかったと思います。

一湊小学校は1学年2クラスで、1クラスの児童は40人から50人ほどと記憶しています。〝団塊の世代〟ですから、教室はギューギュー詰めです。小学校は、家から徒歩10分ほど。給食はなく、昼食は家に帰って食べます。例によってサツマイモ、サバ、トビウオ。とにかく、出されたものを大切に食べました。好き嫌いを言える状況ではないのです。

何かの折に弁当を持参したことがありました。病床の母に代わって祖母が作ってくれたのですが、いつものサツマイモとサバなのが恥ずかしく、友達の前で弁当を開けられませんでした。戦後の混乱の中で、どの家も貧しく、低学年では靴を履いている子はあまりおらず、げた、草履、またははだしで通学しました。

子どもの仕事に話を戻します。当時の暮らしの燃料は、薪《まき》でした。ご飯を炊く、風呂（五右衛門風呂）を沸かす。全てが薪でした。それを作るのが、子どもたちの役目でした。

放課後、5歳下の弟を連れて山に入る。枝ぶりを見て、薪に適していそうな枝を見つけ、木に登ってのこぎりや斧《おの》で切り落とす。薪になりそうな倒木を見つけて目星をつけておく。週末、それらを集めてリヤカーで家に運ぶ。薪になるサイズに割り、切りそろえ、束ねて軒下などに積み上げる。

忘れられない母の言葉があります。

私が小学3、4年生の頃、母が農作業中に倒れました。お産に関わる病気だったようです。父は三浦市三崎に出稼ぎ中。長男は幼くして亡くなり、長女は中学を卒業し集団就職で岐阜県の紡績工場で働いていました。残された家では次男の私が最年長。「自分が頑張らなくては」と決意しました。

母の実家である永田から祖母が手伝いに来て、食事を作ってくれました。父は度々母を案じる手紙をよこし、私にセーターを贈ってくれました。

私が心を砕いたのは、病気で伏せっている母を元気づけることです。私が積み上げた薪の束を見た母は、いつも「頑張ったね。きれいに積んだね」と褒めてくれました。その度に私はうれしくて胸が詰まってしまいました。励まそうとしたのに、励まされたように感じました。貧しくても、親子の間に愛が通っていました。

私は親孝行を、人間として重要な行いだと考えています。それは会社を経営する立場になっても、変わりません。親を大切にできない社員が、赤の他人のユーザーを、クライアントを大切にできる訳がない—。私は社員旅行（海外）に社員の両親、祖父母を積極的にお招きしました。誤解を恐れずに言えば、私があえて続けている「公私混同」です。

香港の戦犯裁判と父

父・治彦（1917年生まれ）は屋久島の一湊《いっそう》、母・キヨ（24年生まれ）は同じく屋久島の永田地区の出身です。父は20歳で兵隊検査を受け、召集されて陸軍に入隊しました。除隊後は上海や香港で働いていました。当時、一湊や永田の多くの人が台湾

戦前の一湊の風景。左下にさば節工場が並んでいる

や上海などに出稼ぎに行ったそうです。

41年12月8日、日本軍の真珠湾攻撃で日本は米英などに宣戦布告し、同月、日本軍は英国軍の極東の要衝である香港を占領。英国軍は降伏し、香港は日本の軍政下に入りました。この間、父は香港にいて、やはり香港で働いていた母と出会い、44年に結婚しました。しかし、敗戦直前の45年4月、28歳の父は現地召集され、陸軍のK中隊に配属されました。そして敗戦。状況が一変します。

それまで支配者だった日本人に対する民衆の強い反感と怒りが一気に噴き出し、戦犯の追及が始まりました。住民への暴行、略奪、逮捕、拷問、処刑…。上等兵だった父は、K中隊による民間人虐待と9人の処刑に関わったとして英国軍に逮捕され、裁判にかけられました。いわゆるBC級戦犯を裁く連合軍の軍事法廷では、証拠もなく、弁論の機会も与えられないまま、一方的な告発で刑が決まり、処刑された例もあったようです。

結局、K中隊の2人が死刑判決を受けましたが、父は事件に関与していなかったことが判明して無罪になりました。肌身離さず持っていた「お守り」が示す宗教心のあつさが、裁判官の心証を良くしたこと、そして何よりも、現地の多くの人たちが父を弁護してくれたことが大きかったそうです。父は現地の人を差別せず、どの国の人とも平等に接してい

香港で結婚した両親の新婚時代

ました。

私は父のグローバルな感覚を誇りに思うとともに、経営に生かしてきました。私の会社では、世界中の人々が働いています。今、私の手元にある父の裁判記録のコピーは、その一人である米国人社員が、英国の国立公文書館が所蔵する資料を丹念に発掘してくれた成果です。

戦火は屋久島にも襲いかかりました。戦争末期の屋久島は本土と同様、激しい攻撃を受けました。

私と同じ一湊の出身で日本大学生物資源科学部（藤沢市）の眞《ま》邉《なべ》一近《かずちか》特任教授（行動分析学）の論文「米軍による屋久島攻撃の記録」によると、米軍の攻撃は浮上した潜水艦からの砲撃、爆撃機の空襲、グラマンなど戦闘機の機銃掃射で、島で最も攻撃を受けたのが一湊でした。特に測候所や電波塔、さば節工場が標的になりました。工場は軍事施設と誤認されたようです。45年4月18日の〝一湊大空襲〟では、機銃掃射と爆撃で16人ほどが亡くなりました。

また、眞邉教授が入手した米国立公文書館の記録は「(米軍の) 攻撃中、通信施設の近辺の3箇所から50口径の機関砲による対空射撃があった」としており、日本軍の守備隊が一湊に駐屯していたことをうかがわせます。

父と米国人社員の絆

父・治彦の戦犯裁判と、私が会社で進めた「公私混同」。実は、この2点は結び付いています。

一般的に「公私混同」にはマイナスのイメージがあります。しかし、私は「親を大切にできない社員がお客さまを大切にできる訳がない」「社員が元気で働けるのは家族の支えがあってこそ」という考えで、会社をファミリーととらえてきました。会社では社長も社員も「さん」付けで呼び合います。社長だからといって、社員より偉いわけではありませ

屋久島の私の実家で両親と話し込むデーヴさん（右）＝2000年ごろ

ん。社長と社員、その家族は同じ船に乗る仲間なのです。どの社員とも平等に接し、積極的に家族ぐるみの付き合いをしてきました。海外旅行にはご両親、祖父母を、社内パーティーには家族をご招待しました。それが私流の「公私混同」です。

元副社長の米国人デーヴ・ブラウアさん（64）はＰＡＬＴＥＫ設立２年後の１９８４年に入社しました。米国の大学で物理学を修め、日本の英会話学校で教師をしていました。ＰＡＬＴＥＫには入社順に社員番号があり、私が１番、妻や妹たちが続き、デーヴさんは５番。つまり、会社創業期からの仲間であり、ＰＡＬＴＥＫの共同創業者です。

彼は仕事と同じように私の個性に魅力を感

じたそうです。例えば、私が営業に向かう車中で彼と交わす歴史や哲学、宗教などの話に共感し、私も話題を共有できる人材が来てくれたことを大いに喜びました。こうして2人の交流が始まりました。デーヴさんは私の両親や家族とも親しくなり、屋久島で行われた私の妹の結婚式にも出席しました。

父は苦しかった戦争体験を私に話すことはありませんでした。私も、あえて聞き出そうとはしませんでした。〝異変〟が起きたのは92年の夏です。

私の帰省に同行したデーヴさんは、父と一日かけて屋久島一周のツアーに出ました。デーヴさんはマウンテンバイク、75歳だった父は50ccバイク。それは父が過去と向き合う旅になり、その過程で、父が「香港で戦犯の裁判にかけられた」と漏らしたというのです。実の息子にも明かさなかった〝秘中の秘〟を、赤の他人の外国人に告白する――。それほど父はデーヴさんを愛し、信頼していました。

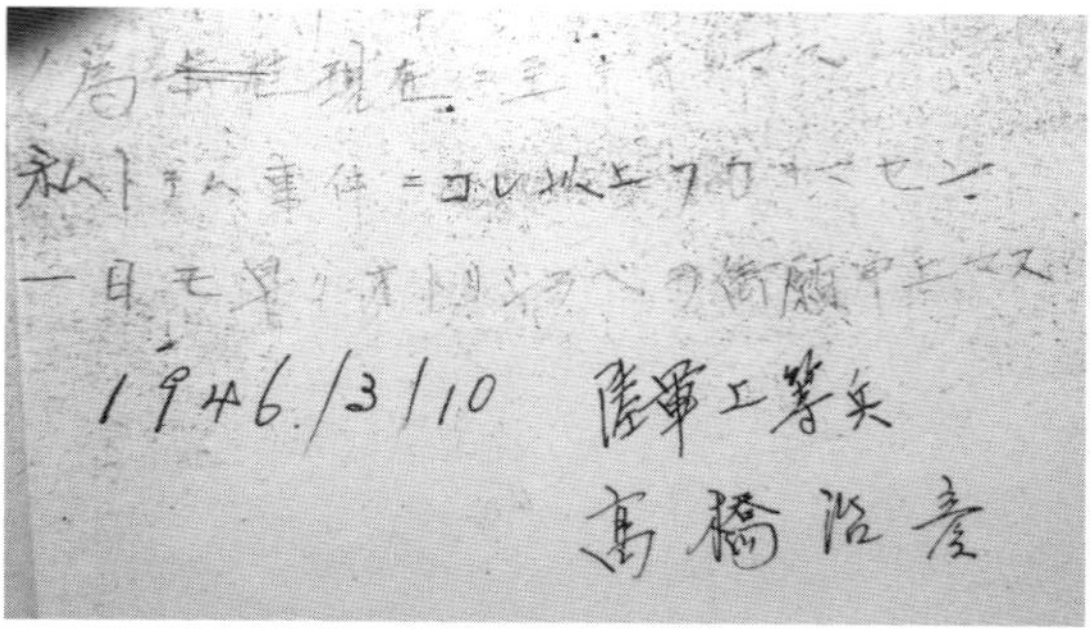

無実を訴える上申書の署名。「一日モ早クオトリシラベヲ御願申上マス」とある

デーヴさんはユダヤ系です。彼はユダヤ民族の苛酷な歴史に私の父の過去を重ね、「かわいがってくれる治彦さんに、何か恩返しをしたい」と考えました。彼は私に内緒で英国の国立公文書館にアプローチし、戦犯裁判の真相を調べ始めました。約8年かけて、父を無罪に導いた資料を発掘しました。

その中に「陸軍上等兵　髙橋治彦」が裁判所に提出した直筆の「上申書」がありました。思いがけない書類を見て父は言葉を失い、涙を流してデーヴさんの手を握り締めました。「公私混同」が劇的なドラマを生みました。

忘れ得ぬ〝熱血先生〟

私が上屋久村立一湊《いっそう》小学校に入学したのは1955年。当時の一湊は、濃密なコミュニティーを形成していました。

住民はお互いに顔見知りで、玄関や窓に鍵は掛けず、よその家に勝手に上がり、まず仏壇に線香をあげ、それからお茶を飲んだり、食事をしたりしていました。幼いわが子の姿が見えなくても、親はあまり心配しません。集落のみんなが見守ってくれるからです。もちろん、人間関係が密なるが故に、息苦しさもありましたが。

私たちはいわゆる近代化、都市化の過程で心のつながりを失い、現在も失いつつあると思います。私が会社で社員の祖父母や父母、子どもたちに集まってもらう機会を絶えず作ってきたのは、この地域コミュニティーが持っていた素晴らしい人間関係を回復したいと思っているからです。

私は両親や親戚から、とても大事に育てられました。前に書いたように、私は7人きょうだいの次男ですが、すぐ上の兄は1歳で、すぐ下の妹は3歳で亡くなりました。鹿児島では10人きょうだいが珍しくなかったものの、幼くして消えた命も多く、〝多産多死〟の時代でした。一湊には小さな診療所がありましたが、医療設備が整っておらず、長男扱いの私は「この子を病気で亡くさないように」と大事にされました。

私の学業の成績は〝上の中〟くらいだったでしょうか。ただ、体育が苦手でした。特に運動会の徒競走が嫌で、順位はいつもおしりの方。後に触れますが、運動に意欲を持つようになったのは、鹿児島高専に進んで、空手を始めてからです。

小学校で大きな影響を受けたのは、4年時のクラス担任だった牧鉄男先生です。屋久島の楠川地区の出身で、大学を卒業したばかり。まだ学生服を着て教壇に立っていました。今思えば、名前が示すような熱血漢で、児童のいたずらが過ぎると黒板消しが飛んで来ま

小学生時代の私。運動が苦手だった

した。

一方で、病気か何かで学校を休んだ児童がいると「これから、○○君の様子を見に行くぞ」と同級生を引率し、山道を数キロ走って〝お見舞い〟に行ったことがあります。

牧先生は放課後、そろばんを教えてくれました。教室にまだ照明がなかったので、先生は自分の下宿先から電気スタンドを持ち込み、私たちの手元を照らしてくれました。

先生自身は、そろばんが得意ではなかったようですが、その情熱に応えて、みんな一生懸命練習した結果、メキメキ上達。私は数カ月単位で9級、8級、そして4級、3級と昇級し、検定証明書をもらうことで、努力が報われる喜びを知り、自信になりました。何より、病床の母が昇級のたびに検定証明書を見てとても喜んでくれ、大きなやりがいを感じました。

自分のできる範囲で世のため、人のために尽くす—。これは私の人生哲学になっています。

人生の指針をくれた

そろばんで培った暗算能力は、後の人生で強い武器になりました。頭の中にそろばんの玉と動きをイメージして数字を読むと、解答が画像として自然に浮かんでくるようになりました。それは、経営者になってから多くの情報を画像的に処理して、素早く俯瞰《ふかん》的に把握する能力を養うことに役立ちました。

私は、牧先生に人生の指針を与えていただいたと思っています。実は、牧先生の評判や人気は一様ではありません。今でも、同窓生と会って小学時代の話になると、牧先生に対する評価・意見は二分されます。先生は周囲の批判にめげず、子どもたちのために全身全霊をかけて教えてくれました。その姿に感応して、子どもたちも頑張りました。

1982年、私は横浜市内の借家の一室で半導体を扱う「株式会社PALTEK」を立ち上げました。金なし、人脈なし、あるのは情熱だけという徒手空拳でのスタートでした。自分の道は、自分で切り拓《ひら》くしかないと決意しました。十数年で株式上場にこぎつけた背景には、信念と情熱の人・牧先生の姿と教えもあったと思います。

挫折があっても、頑張り続ければ、必ず成果が出る。小さな成果が出ると、小さな自信が生まれる。周囲の人が喜んでくれる（そろばんの検定証明書を見て母が喜んだように）。その喜びが、さらなる努力を促す。つまり、人生の好循環をもたらせてくれます。

話が少しそれますが、私は鹿児島出身の故・稲盛和夫さんを心から尊敬しています。京都セラミック（現・京セラ）や第二電電（現・ＫＤＤＩ）の創業者であり、日本航空の再建でも有名な実業家ですが、一方で若手経営者を集めた勉強会「盛和塾」を主宰していました。

稲盛さんは自身の超多忙な仕事を実践しながら、塾生のために文字通り心血を注いで指導されました。全くのボランティアです。私は95年に入塾以来、その薫陶を受け、稲盛さんが亡くなった後の２０２０年、稲盛さんの教えを実践する「フィロソフィー経営実践塾横浜」を同志と設立し、代表世話人を務めています。

稲盛さんは常々、「人生の結果は掛け算だ」と教えていました。人生は「考え方×能力

×熱意」というのです。注目してもらいたいのは「考え方」です。何のために働くか、仕事をするかという「志」の問題です。そこに私利私欲はないかを、稲盛さんは厳しく問いかけました。

私の行動の源は「親、きょうだいを助けたい」という思いでした。父が出稼ぎに行って不在、母は病床、姉は他県で働いている。となれば、私が家を守り、母を喜ばせ、弟や妹の面倒を見るしかない。私利私欲が入り込む余地はありませんでした。それが、結果として稲盛さんの教えの原型を実践していたことになり、PALTEKの経営哲学に結実したように思うのです。

牧先生との出会いを振り返ると感慨深い

感謝し切れぬバッパ

小学校時代の忘れられない人といえば、母方の祖母、日高ハルがいます。私たちは「ハルバッパ」と呼んでいました。バッパ《おばあちゃん》がいなければ、私たち一家は暮らしていけなかったでしょう。

運動会や授業参観など学校行事に、私の両親が出席したことは全くありませんでした。それでも、私が寂しさを感じなかったのは、バッパをはじめ、親戚である真辺忍・幸乃夫妻ら多くの人たちの支えがあったからです。幸乃さんは病弱だった私を背負って診療所などに連れて行き、忍さんは親代わりに学校行事に来てくれました。

バッパは私が住む一湊《いっそう》の南西に隣接する永田という集落に暮らしていました。私の母の実家です。

バッパは農作業を終えてから、お米や雑穀類、野菜などを背負子《しょいこ》にいっぱい詰めて担ぎ、3里（約12キロメートル）の夜の山道を歩き、私の家にやってきました。

バッパは数日間、わが家に泊まり、私たちの食事を用意し、伏せっている娘（私の母）の看病をし、あれこれと用事をこなしました。

朝夕、みんなで仏壇に手を合わせます。バッパが必ず言います。「この線香の灰が落ち

親戚が集まっての１枚。祖母のハル（右端）と元気になった母（その左）。左端は父の姉（私の伯母）、その右は私のいとこ。弟（手前）と妹（中央）もいる。一番下の妹はまだ生まれていない

ずに丸くなれば、お母さんの病気は必ず治るからね」。私と弟、妹は灰が輪になるように必死に祈りました。

後に母が元気を取り戻すことができたのは、みんなの願いが通じたからだと思っています。

私の小学時代に給食はなく、それぞれ家に帰って昼食を取っていました。前に触れましたが、何の折だったか、各自が学校にお弁当を持参することになりました。バッパがお弁当を作ってくれました。見ると、おかずはいつものサツマイモとサバ。私はそれが恥ずかしく、みんなの前でお弁当を開けられませんでした。どの家も貧しい時代

でしたから、誰もが似たり寄ったりのお弁当ではなかったでしょうか。しかし、私は1人で木造校舎の教室の床下に隠れて食べました。

これまでの人生で、不思議に感じていることがあります。成功している経営者の中に、私と似たような体験をした人が多数いるのです。年少期に経済的に困窮した家庭に育っても、そこに愛があれば、人間の潜在的な能力を引き出す引き金になるのです。ピンチこそが、実はチャンス。チャンスは必ず〝ピンチの顔〟をしてやって来る、と感じています。

私は年に数回、屋久島に帰ると、バッパの墓参りをします。2024年のゴールデンウイークには、墓の周囲にハマヒルガオなど野の草花が咲き乱れていました。稲盛和夫さんの教えの一つである仏教の言葉を思い出します。「山川草木悉皆《しっかい》成仏」。万物には仏が宿っている――。

バッパの時代は土葬でした。土に帰った彼女と草花は一体です。草花は、バッパそのものです。私は墓前で手を合わせ、バッパに心からの感謝の気持ちをささげます。

中学で言葉に戸惑う

1961年4月、私は上屋久町立一湊《いっそう》中学校に進みました。小学校と異なり、一湊だけでなく吉田、志戸子《しとご》という集落からも生徒が来ていました。1年生はA、B、Cの3クラス。団塊の世代ですから、1クラスに40人から50人ほどはいたでしょうか。

私が入った頃の一湊中は校舎がまだ整備されておらず、教室が足りないために、一湊小学校の校舎の一部を間借りしていて、グラウンドも共用でした。グラウンドの整地作業で、生徒みんなで重いコンクリートのローラーを引いたり、転がっている石を拾って片付けたりしました。その後の過疎化、少子化のために一湊中は2013年に閉校。屋久島町立中央中学校（宮之浦）に統合されました。

よその集落の子どもたちとの出会いに、私たちは戸惑いました。山々で区切られているそれぞれの集落は、それが文字通りの壁になって、普段、子どもたちはほとんど交流がありません。まず、使う言葉からして、違うのでした。発音やアクセントではなく、言葉・単語自体が違っていて、互いに通じません。1学期中は、随分苦労しました。コミュニケーションが取れず、それが原因で、いじめられたこともありました。

互いに通じない言葉の具体例を挙げようと考えたのですが、なかなか思い出せません。ただ一つ、一湊には「ぶえん」という言葉が当たり前に使われていました。漢字にすると「無塩」。一応、「広辞苑」の第5版を調べてみると、「ぶえん、無塩」で載っていました。

中学１年のクラス仲間と先生（矢印が私）

「しおけのないこと、塩を用いないこと」「魚介類の新しいこと、また、そのもの」。一湊では、新鮮なサバの刺し身などを指します。サバ漁が盛んだった一湊ならではの言葉で、ほかの集落には多分なかったでしょう。

不思議なことに、顔つきも集落によって違うのでした。私たちは顔を見ただけで、その子の集落がどこかを判別できるようになりました。言葉を交わせば、さらに「出自」ははっきりしました。三つのクラスには、三つの集落の生徒が均等に振り分けられていましたが、何となく集落の〝閥〟ができていた気がします。

1年生の時、わが家に大きな変化が起きました。父の治彦が三浦三崎への出稼ぎをやめて帰って来るという朗報が届いたのです。それまでの父は年に1、2度帰省していましたが、ずっと家にいてくれれば、実質的な「長男」「家長」の役を果たしていた私は肩の荷が下ります。一湊には父と一緒に三崎に働きに出た男がたくさんいて、その子どもたちは私と同じような境遇にいました。これまでに書いてきた私の幼少時代の労働や苦労は、全く珍しいことではなかったのです。

三崎に行ったまま一湊に帰ってこなかったお父さんも、何人かいました。その原因の多くが、出稼ぎ先の女性と関係ができてしまったことのようでした。出稼ぎが多かった日本中の田舎でよく見られた、哀《かな》しい現実でした。

名作「浮雲」と屋久島

私が中学1年生の時に父が出稼ぎをやめて一湊《いっそう》に帰って来た理由はよく分かりません。その年に妹が生まれたことと関係しているかもしれませんし、同郷の知人の勧めもあったと聞いています。

この知人は屋久島の栗生《くりお》集落の出身で、台湾で父と一緒に働いていました。戦後、屋久島に戻り、島南部の安房《あんぼう》の営林署（現在の林野庁森林管理署）に勤めていました。営林署は国有・公有林の管理と運営を管轄していて、杉を特産とする屋久島ではとても大きな存在でした。その人が、営林署関係の会社を紹介してくれたのです。

父は安房の林業会社に就職しましたが、安房は一湊から通勤できる距離ではありません。結局、単身赴任で安房の下宿に住むことになりました。それでも〝近くにいる〟父の存在によって、わが家の雰囲気は明るくなりました。

父に連れられてバスに乗り、初めて安房に行った時の衝撃は忘れられません。町のたたずまいが、一湊とは全く違うのです。「どえらい都会に来た！」というのが本音でした。一湊の家屋はほとんどが平屋なのに、2階建ての立派な構えの宿屋などが林立しているではありませんか。

屋久島と安房は、作家の林芙美子を抜きにしては語れません。彼女は1950年、安房旅館（現「浮雲の宿　ホテル屋久島山荘」）に滞在して、森林鉄道をはじめ、屋久島の各地を取材し、同年、名作「浮雲」を発表しました。そのストーリーを要約すると—。

太平洋戦争下、仏印（フランス領インドシナ＝現在のベトナム・ラオス・カンボジア・中国広東省の一部）に渡ったゆき子は農林研究所の富岡と出会う。2人は南国で甘美な日々

林業に携わるようになった父(左から２人目)

を送るが、やがて敗戦。焦土になった東京で再会するものの、現実に打ちひしがれ、ぼろぼろになった2人は、漂泊の果てに雨の屋久島にたどり着く。富岡は営林署で働くが、ゆき子の命の灯が…。

「浮雲」は「放浪記」と並ぶ芙美子の代表作とされ、55年公開の同名映画（監督・成瀬巳喜男、主演・高峰秀子、森雅之）は映画専門誌「キネマ旬報」のベストテン1位に輝き、主演女優賞と同男優賞を獲得しました。

芙美子は50年に「屋久島紀行」を書いています。私が初めて安房に行った年の10年ほど前の紀行文ですが、安房と一湊の差、営林署の存在感などがよく分かります。

例えば、屋久島は「一ケ月三十五日は雨だ」と聞いた芙美子には「陰険な雨」とうつります。安房の街で女や子どもがはだしで歩く姿に驚き、「営林署の仕事をさしおいては何も語れないほど、道も電気も、営林署でつくった」と聞きます。荒物屋の主人の話には一湊が出てきます。「永田部落や一湊あたりの人は、自転車も自動車も知らない人があるのだ、と言っていた」。安房と一湊には、当時からそれほどの開きがあったようです。

屋久島の森林と共生

林芙美子の「屋久島紀行」で紹介したように、安房《あんぼう》では営林署は大きな存在でした。父はその関係会社に就職し、林業に携わることになりました。

屋久島は特異な島です。九州で最も高い宮之浦岳（海抜1936メートル）がそびえ、海岸からそそり立つ山々は、シイやカシなどの照葉樹林（同0~500メートルくらい）、杉やツガなどの針葉樹林（同500~1500メートルくらい）と、さまざまな樹林に覆われています。サンゴ礁に熱帯魚が泳いでいるかと思えば、冬には山頂に雪が積もる。亜熱帯から亜寒帯に及ぶ多様な植物相が確認されています。

屋久島の樹木といえば杉が有名で、樹齢が千年を超えるものを屋久杉と呼びます。最大最古の屋久杉は縄文杉と呼ばれ、かつて環境庁（現・環境省）のポスターに「7200歳です。」と紹介され、話題になりました。

父は杉やマツ、ヒノキ、モミなどの搬出と積み出しなどに従事していました。同じ杉でも、厳格な基準に添って国が買い上げる良木と、規格外とされて民間会社が買い上げる木があることを知りました。

杉は抗菌性が強く、耐久性があるので、古くから建築材や造船材として使われました。17世紀、薩摩藩は〝年貢〟として屋久杉の伐採を本格化し、明治時代に入る前に、屋久杉の良木はほとんど伐採されたといわれます。明治以降、屋久島の山林の大半は国有林に編入されました。

私は中学の休みに、父に連れられてよく樹林に入り、隅々まで歩きました。島の中央部に位置する峰々を奥岳と呼びますが、そこに大雪が積もってトロッコ（森林軽便鉄道）が動けず、石塚という集落に数日間、閉じ込められたこともあります。「亜熱帯から亜寒帯まで」という特性を何度も体験しました。山や樹林や天候の知識が蓄えられ、本土から来た大学の登山部やワンダーフォーゲル部員を度々、案内するようになりました。山の天候は、時に命にかかわります。

伐採された樹木の搬出作業中の父（最後列で立っている）

「プロローグ編」で、私が創業した「PALTEK」の経営理念は「共生」であり、その思想の根っこは屋久島の樹林で学んだ、と書きました。しかし、屋久島の森林の在りようを「共生」ととらえる考え方が、最初から私の頭にあったわけではありません。

PALTEKを立ち上げる際、「経営理念をどうするか」という課題にぶつかりました。いろいろ考えている時、ふと故郷の深い森林のイメージが脳裏に浮かびました。そして、気が付きました。屋久島のシンボルである屋久杉は、単独で存在しているのではない。菌などの地衣類やコケ植物に支えられて生きている。コケ（中小・零細企業）と巨木（大企業）は、命の価値に置いて対等なのだ。多様な存在がそれぞれ価値を持ち、互いに助け合って生きるという意味で、社会も会社も同じではないか。経営理念を「共生」にしよう——。故郷が貴重な示唆と指針を与えてくれました。

弁論大会で物議醸す

中学時代の忘れられない思い出に、3年生の時に出場した弁論大会があります。一湊《いっそう》中学校の代表として登壇した私の話が、物議を醸すことになってしまいました。

この弁論大会は屋久島の全中学校（7校くらいあったでしょうか）の代表が、島にある唯一の高校、鹿児島県立屋久島高校（宮之浦）の講堂に集まって弁論を競います。私がなぜ、どういう経過で代表に選ばれたのか、全く記憶がありません。ただ、大会で話した要点だけはよく覚えています。

私が中学3年というと、1963年。当時、一湊では有線放送で、よく警報が流されていました。「在日米軍の海上爆撃演習が行われるので北緯○度○分、東経○度○分の海域に漁船は入るな」、というのです。当該海域では、一湊の主たる漁業であるサバ漁が制限されます。この「漁業制限海域」という一方的な措置に、若い私は強い違和感を覚えました。

2007年に発行された一湊中学校創立60周年記念誌。同校は2013年に閉校になったが、表紙中央の校舎は現在も残っている

背景には授業で習った平和憲法の存在があったと思います。社会科の授業では日本国憲法の前文や第9条の「戦争放棄」について学習しました。授業だけでなく、先生方はいろいろな機会に、さまざまな形で平和憲法の尊さを生徒に説いていたように思います。

そのために、「平和主義」が私の頭の中に刷り込まれていたのでしょう。だから、平和を脅かし、漁民の生活を脅かす米軍の演習は、憲法が言っていることと矛盾するのではないか、筋が通らないのではないかと、ごく自然に感じるようになりました。純粋な中学生だった私は、そういう趣旨の弁論を張ったのです。

おそらく事前に先生方による原稿のチェックがあったに違いないのですが、今振り返れば、よくその関門をパスしたものだと思います。きっと、満州（現・中国東北部）から引き揚げ体験のある国語の牧正人先生をはじめとして、先生方には平和への強い思いがあったのでしょう。当時、私の妻は宮浦中学校（屋久島高校のすぐそばにあった）の生徒で、弁論大会に聴衆として参加し、偶然、私の弁論を聞いていました。

私の弁論は、周囲に波紋を広げました。反米的だ、政府の意向に反する――。学校だけでなく、役所や教育委員会で問題になり、騒ぎになったのです。

結局、私には特に処分めいた言い渡しはありませんでした。私の父母も、静観したままでした。というより、元々、父母は私の意見や行動に「ダメだ」と反対したことがありません。

よく言えば、ピュアで、思い込むと信念を曲げない――。そのために多くの挫折を経験しました。これは、今も変わらない性格のようです。後に鹿児島高専の卒業間際に、私が学校新聞に書いた記事が校長の逆鱗《げきりん》に触れ、原稿の主張を撤回するか、学校を辞めるかと迫られ、やむなく中退しました。

この顛末《てんまつ》については後に詳しく書きますが、どうやら私は、何歳になっても「懲りない人間」なのかもしれません。

なぜ中学浪人したか

一湊《いっそう》中学校で3年生になり、高校進学が課題になりました。屋久島には唯一の高校、鹿児島県立屋久島高校があるのですが、私は鹿児島市内にある県立の工業高校電気工学科に進もうとしました。

いつも父とトロッコ（森林軽便鉄道）から眺めていた水力発電所のたたずまいや技術に憧れ、自然に発電所の仕事に就きたいと思っていたのです。両親は進路について、私に話すことはありませんでした。

工業高校の試験に合格し、高校の制帽をかぶって中学校の職員室に報告に行きました。担任ではない、美術の徳永勝先生（学年全体の進学担当だったかも）が意外なことを言いました。「1年浪人して、もっと上の学校を目指せ。いい予備校を紹介する。おまえなら、できる」。徳永先生は全国的な知能テストで、私が普段の学業成績では考えられない高得点を取ったことを評価していたのでした。

結局、私は〝中学浪人〟になりました。当時では非常に珍しいケースだったでしょう。金銭的な問題を含めて、両親はよく許してくれたと思います。

徳永先生が紹介してくれた鹿児島市内の中野英語専門学校は寺子屋のような雰囲気。英

「一湊中学校創立60周年記念誌」から。前列左から２人目が徳永先生、同右から２人目が牧正人先生

語以外の科目も教えていて、私は学校に近い家に下宿して通いました。毎日15時間以上、それこそ寝食を忘れて猛烈に勉強しました。3カ月くらいたつと、自分でも驚くほど成績が上がり、全国模試でトップクラスに入るようになりました。自信が湧いてきました。それまで〝島育ち〟を見下すような周囲の視線や言動を感じたことがしばしばあり、劣等感を持たされていたのです。

　翌年、私は鹿児島県内の公立高校トップで長い伝統を誇る県立鶴丸高校（鹿児島市薬師）と、開設されて間もない5年制の国立鹿児島工業高等専門学校（鹿児島高専、鹿児島県霧島市）を受験し、いずれも合格しました。中学時代には想像もできなかった、ハイレベルの学校です。

徳永先生は、大喜びでした。一湊中では、高校受験の合格者名を校内に張り出します。私の名前は、ひときわ注目を集めました。一湊中の開校以来、初めての鶴丸高校と鹿児島高専のダブル合格でした。

私に続こうとする生徒が増えました。「島育ちでも、やればできる」という自信と意欲を持つようになりました。私は、徳永先生に感謝を込めて理解しました。「先生が目指していたのは、こういうことだったのか。その布石として、私が選ばれたのだ」

親戚の人たちは両親に「お金は何とかするから鶴丸へ行かせろ」と主張しました。「鶴丸」の存在感は抜き出ていたのです。しかし、私は授業料が「鶴丸」よりずっと安い鹿児島高専電気工学科を選びました。

徳永先生は、小学校の牧鉄男先生と同様、信念の人でした。その指導がなければ、私は多分、今も憧れている〝山の発電所のエンジニア〟になっていたでしょう。

親孝行を大切にする

鹿児島高専での生活を記す前に、親孝行について考えてみようと思います。今や死語になった感すらある親孝行。しかし、私は幼少期から親孝行をごく当たり前の行いと考えて育ち、PALTEKの経営哲学の中に「親孝行」を据えて今日に至っています。

前に「親を大切にできない社員が、赤の他人の社員やユーザー、クライアントを大切にできる訳がない」と書きました。私は、なぜ、こういう考え方になったのでしょうか。

私だけでなく、故郷の屋久島・一湊《いっそう》の子どもたちは、日常的に両親の手伝いをすることが普通でした。私は漁に出る父親を伝馬船に乗せて朝夕に送り迎えし、サバなどの魚を入れたかごを背負って母と一緒に片道3里（約12キロメートル）の山道を歩いて隣の集落でお米と交換しました。

そういう日々の中で、私たちはいつも大人たちの喜怒哀楽を直接、肌で感じていました。大漁で盛り上がる漁師の酒宴での笑顔と大声。水難事故で岸辺に打ち上げられた仲間の遺体を見つめる父親たちの背中。出稼ぎに出て、数カ月ぶりに帰宅した父の笑顔。あるいは、病床にあっても働く私を褒めることを忘れず、感謝の言葉を贈ってくれる母。自然に湧き出るのは、両親への心からの感謝の念でした。親の献身と恩に報いるには親を喜ばせること、つまり親孝行です。

親孝行が死語になったのは、子どもたちが父母の働く姿や喜怒哀楽を感じ取る機会がな

2019年の忘年会に参加した川上さんの母（左から２人目）と川上由美子さん（同３人目）。両脇に私とデーヴさん

くなったためではないでしょうか。端的に言えば、産業革命以後の職場と家庭の分離によるものだと私は考えています。現代の子どもには、働く親の顔や背中が見えないのです。

　そこで、私はＰＡＬＴＥＫ創業以来、あえて〝職住接近〟〝公私混同〟を打ち出してきました。社員の父母や祖父母を海外旅行やパーティーなどに積極的に招き、コミュニケーションを図りました。社員の子どもたちと大の仲良しになりました。忘年会やビアパーティーでは私がホストですから、飲み物やお菓子を持って社員の家族に心からのお礼をして回ります。

　社員は両親のおかげで成人し、縁あってＰＡＬＴＥＫという船に乗り合わせた仲間、家族です。会社で安心して働けるのは両親、家族の理解と協力があってこそ、でしょう。

やがて〝孝行息子・孝行娘〟の親から、私が感謝されるようになりました。創業期からの仲間の一人に川上由美子さんがいます。彼女の母は認知症を患い、「意識がしっかりしているうちに、もう一度、髙橋さんとデーヴさんに会いたい」と2019年に島根県から上京、忘年会に参加してくれました。

悲しい別れもありました。5年前、1人の社員が病気で他界しました。彼が余命宣告を受けた日から亡くなるまで（それ以後、現在も）彼の家族を含めて支援をさせてもらいました。毎年、命日には墓参りを欠かしません。

経営の哲学と親孝行

1982年、借家の一室でささやかに立ち上げたPALTEKは、社内外の多くの人々の頑張りと協力支援と、多くの幸運にも恵まれて98年に株式上場を果たしました。その経緯は後に書きますが、上場したその年、私が心から尊敬する稲盛和夫さんに習い、日々の仕事の哲学指針となるべき「パルティックフィロソフィー」を成文化し、その手帳を全社員に配布しました。

「フィロソフィー」を作るために、まず幹部24人に、自分の考えを原稿用紙につづってもらいました。その際、留意したのは「自分の言葉で書く」「本や資料の引き写しはしない」ことです。そうして集まった原稿をもとに議論（時に激論）を尽くし、練り上げた内容は「経営のこころ」「素晴らしい人生を送るために」「よりよい仕事をしていくために」「正しい判断をしていくために」「燃える集団づくりのために」の5章で成り立っています。

その「素晴らしい人生―」の中に「親孝行をする」という項目を設けました。そこには、フィロソフィーに盛り込む内容を熱く議論した幹部の1人が、自らの体験をもとに、大要、こう書いています。

「社会人であれば、誰もが上司や同僚に認めてもらいたいと思うでしょう。しかし、思っているだけでは、思いは伝わりません。どうすればよいでしょうか。相手の立場に立って物事を考え、相手を思って行動することです。無意識にそれができるようになるためには、常日頃から、より身近な人に対して、そのような心がけをしていくことが必要です。身近な人とは、あなたの両親です。上司とうまくいかないと言う人は、両親ともうまくいっていないのかもしれません。同僚とうまくいかないと言う人は、兄弟ともうまくいっていないのかもしれません。両親を思いやる『親孝行』は、思いやりの原点です」

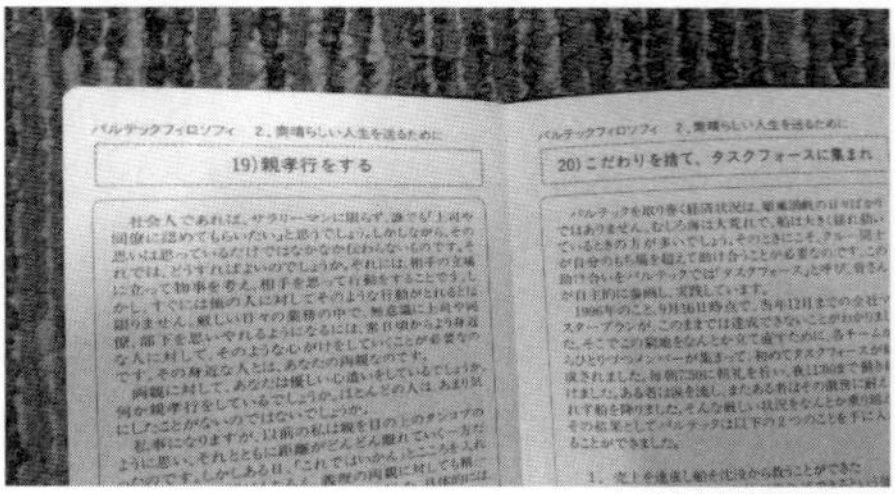

神奈川新聞社撮影

神奈川新聞社撮影

㊨パルティックフィロソフィーを載せた社員手帳
㊦社員手帳の中の「親孝行」の一節

新しい人材を採用する際、当然、私も面接をします。多くの会社では初めに課長や部長が面接し、次に役員というような段階を踏むのでしょうが、私たちの会社は逆で、最初に私が面接して、フィロソフィーを説明します。もちろん、親孝行についても。そして「私の考えに共鳴できる人だけが、うちに来てほしい」と結びます。

私自身の親孝行は？と問われれば、いささかの自負があります。貧しかった小さい時から両親が他界した現在まで、その時々に自分ができる精いっぱいの孝行を、精神的に、経済的にしてきました。誰かに強制されたものではなく、ごく自然に、両親の愛情と恩に報いるために──。

稲盛さんも親孝行を大切にした人でした。情に厚い稲盛さんは両親の話をすると、すぐ涙ぐみます。稲盛さんが主宰する盛和塾の締めくくりは、いつもみんなで文部省唱歌「故郷／ふるさと」（高野辰之作詞、岡野貞一作曲）の大合唱。「如何《いか》にいます父母《ちちはは》、恙《つつが》なしや友がき…」（2番）。私も、つい泣いてしまいます。

高専はどんな学校か

親孝行論はここまでにして話を本筋に戻します。

1年間の中学浪人を経て、1965年、私は国立の鹿児島工業高等専門学校（高専）電気工学科の3期生として入学しました。5年制で寮生活。高専自体が誕生から間がなく、校舎や設備など、いろいろな点で未整備でした。

貴重な体験を積み、生涯の友を得た青春の5年間でしたが、卒業目前の70年の3学期、私が学校新聞に書いた記事が校長の怒りを買い、持論を撤回するか、退学するかと迫られ、やむなく中退しました。その経緯と、〝幻の卒業〟から53年後に思いもしなかった私の名誉卒業式が行われたことは後に詳述します。まずは、高専とは何か、なぜ制度ができたのかを、知っていただきたいと思います。

高専と聞いて皆さんが一番に思い浮かべるのは、ロボットコンテスト（ロボコン）かもしれませんね。わが国が高度経済成長期に入り、産業界の現場を支えるレベルの高い実践的なエンジニアを養成すべく作られたのが高専制度です。中学を卒業した15歳の才能あふれる若者を受け入れ、本科5年（現在はさらに2年の専攻科がある）一貫の教育によって高度な専門性を持つ人材を養成する、日本独自の高等教育機関です。

62年に制度が創設され、国立高専12校が開校。翌63年、新たに鹿児島高専など12校が誕生しました。現在、国立高専は51校、他に公立が3校、私立が4校あります。国立高専は独立行政法人国立高等専門学校機構が統括しており、その学生総数は、一つの法人による国立高等教育機関としては最大の約5万人、教職員は約6千人。卒業生は四十数万人を数え、あらゆる産業分野で活躍しています。日本が誇る「モノづくり」は、高専が支えていると言っても過言ではないでしょう。

私は司馬遼太郎さんの史観に共鳴する1人ですが、司馬さんは歴史エッセー「この国のかたち」で次のような趣旨のことを書いています。「日本の大学制度は明治以来の仕組みで制度疲労を起こしている。この制度は明治初期に欧米の先進的な文物を取り込むために、東大を中心にした受配電機構として作られた。しかし、これらには創造的なものを発信する発電機構が十分に考慮されていなかった。早急に刷新しないと、この国は行き詰まる」

1965年、鹿児島高専電気工学科に入学した仲間たちと。１学年１学級で、最後列左から４人目が私、最前列右が小原貞敏校長

私は工業系雑誌の巻頭言に、司馬さんへの〝返信〟のつもりで一文を寄せたことがあります。大要を記します。「日本は明治以来、欧米に懸命に学び、戦後、家電製品（テレビ、冷蔵庫、洗濯機など）で成功しました。しかし、その後、アジアでは台湾や韓国、中国が日本に学び、民生機器（ケータイ、パソコンなど）で日本を追い抜きました。日本は自ら新しい付加価値を生み出す技術・製品を創り出さなければ停滞します。高専は諸先輩や先生、学生たちのたゆまぬ精進によって、発電機構として、これらの問題に対する回答を提案していると感じています」

わが青春の高専時代

私が学んだ国立鹿児島工業高等専門学校（高専）は1963年、鹿児島県霧島市隼人町に開校しました。機械工学科2学級、電気工学科1学級。開校時には校舎がまだ完成せず、近くにあった県立隼人工業高校で入学式を行った、と記録にあります。

私は65年に電気工学科に入学した3期生です。この連載をつづるに当たって、開校当時の様子を詳しく知りたいと思い、また私の記憶を確かめるために、OB2人に集まってもらいました。1期生の大先輩、救仁郷格《くにごうただし》さん（76）＝横浜市＝と、私と同期の前田光正さん（75）＝海老名市＝です。

救仁郷さんは元全日空のパイロットで、長年、鹿児島高専の同窓会会長を務めました。前田さんは電気畑一筋の技術者です。2人とは長い付き合いが続いており、大変お世話になっています。

救仁郷さんによると、入学時に校舎は建築中だったため、県立隼人工業高校のグラウンドにプレハブ校舎を建て、そこで勉強したそうです。当然ながら設備はそろわず、実習室なども未完成でした。

私たち3期生が入った当時は真新しい校舎がまぶしく、製図板や実験装置などがそろっ

PALTEK本社に集まってくれた救仁郷先輩（中央）、前田さん（左）と

ていて、前田さんは「何もかもピカピカ。使い放題なのがうれしかった」と言います。私の同期の女性は1人。救仁郷さんらによると「機械工学科を含めた1学年全体で（女性は）3人くらいいた」「みんな、男より頭が良かった」。

周囲は秀才ぞろいでした。鹿児島県内私立高校トップのラ・サール高校や公立高校トップの県立鶴丸高校に合格した人が、ぞろぞろいました。「なかには『異常にすごい秀才』がいた」（前田さん）。「全部頭に入れたから」と教科書を燃やしてしまったり、テストをわざと白紙で提出して職員会議で問題になったり、著名な数学の先生相手に高等数学の議論を吹きかけたり、と個性的な生徒がいました。

私も「こいつは寝ていても東大に入れるな」と感じた同級生がいたことを覚えています。

私たちの時代に共通しているのは、貧しい家庭の生徒が多かったことでしょうか。私の家も前田さんの家も、貧しかった。救仁郷さんの話では、シングルマザーが道路工事現場で働き、わが子を高専に行かせたという類いの話はいくつか聞いたそうです。高専も授業料が必要ですが、他の公立高校よりずっと安かった。前田さんは「僕らの頃は年間1万円くらいだったかなぁ」と回想しています。

教授陣が一流で熱意がある先生が多かったという点で、3人の意見は一致しました。例えば、初代校長の小原貞敏《おばらさだとし》先生。京都帝国大学工学部を卒業して南満州鉄道（満鉄）に入り、満鉄を象徴する有名な特急「あじあ」号の設計に携わった機械工学者です。先生の熱力学の授業からは、「敗戦国日本から再び新しいエンジニアを育てよう」とする意気込みが伝わってきました。

「郷中教育」の遺伝子

鹿児島高専の初代校長・小原貞敏先生は鹿児島大学工学部長も務めました。この機械工学者は、1年生の私には輝かしい存在でした。まさか最終学年で、その先生と私が〝対立〟

高専３年、仮装行列の後で。プラカードの言葉が時代(1967年)を映している。最後列で「安保反対」のプラカードを持っているのが前田光正さん、その右が私(帽子をかぶっている)。最前列左端は後に詩人・俳人として活躍する高岡修さん

し、中退することになるとは夢にも思いませんでした。日頃から先生に不満があったなどという訳では全くなく、後に詳述するように、たまたま私が学校新聞に書いた一文が、先生の怒りを買ったのです。

不満といえば、私には不満な授業がありました。歴史です。先生は海軍兵学校の出身でした。しかし、その先生の史観や思想に反発したわけではありません。講義の内容が無味乾燥で「人間がつくった歴史」という匂いが全くしないのです。私は、歴史が嫌いになりました。

この先生は、落第（留年）者を出す

ことでも知られていました。私と同期の前田光正さんの記憶では、試験で1科目でも39点以下を取れば、あるいは59点以下が4科目あれば、落第。私が学んだ頃の鹿児島高専では、落第は珍しいことではありませんでした。

ところが、酒好きで、ちょっと崩れた雰囲気をたたえたこの先生とウマが合う生徒もいて、1期生の救仁郷格《くにごうただし》さんはその1人だったようです。

学校や教育は、その土地の歴史と風土に強く結びついています。例えば、鹿児島高専の校歌（椋鳩十作詞・武田恵喜秀作曲）。1番の歌詞は「薩摩隼人の　若き火の　命の限り燃ゆるとて　眉をあぐれば　桜島　噴煙紅く　陽《ひ》に染《そ》みて　校舎の窓に　映ゆるかな」。鹿児島の象徴は「薩摩隼人」「桜島」であり、歌詞にはありませんが「西郷隆盛」なのです。西郷隆盛といえば、数学の若松大助先生。私を含めた多くの生徒が、この小柄な先生に大西郷の匂いを感じていました。

鹿児島高専の教育について、救仁郷さん、前田さんと話している際に、期せずして3人の口から出た言葉があります。「郷中教育」。「郷中」は「ごじゅう」と読みます。これは、薩摩藩で行われていた独自の教育システムです。郷中は、今でいうなら町内会のような自治組織でした。おおまかにいうと、6歳から24歳までの武士の子弟が郷中に集まり、先輩

（二才《にせ》）と後輩（稚児《ちご》）に分かれ、先輩が後輩に勉学や武道を指導しました。特別な先生を置かない、この自主的な異年齢・縦割り教育から、西郷隆盛や大久保利通らの逸材が生まれました。

ここで大切なのは、先輩が学んだことを後輩に伝え、その後輩がまた自分の後輩に伝えるという〝再生産〟のシステムです。根底にあるのは「おれが後輩を育てる」という強い使命感です。自らを律し、率先して学ばなければ、後輩を導くことはできません。

この「郷中教育」の精神が、開校間もない鹿児島高専の先生方にあったように思うのです。小原貞敏先生も、鹿児島の出身でした。

寮の規則破ると退学

１９６５年４月、憧れの鹿児島高専に入学。電気工学科の３期生です。校舎も設備も真新しく、学友たちの目はキラキラ輝いていました。

63年の開校初年度は機械工学科２学級・定員80人、電気工学科１学級・定員40人。私たち３期生も同じでした。

73年発行の「鹿児島高専十年史」に寄せた初代校長・小原貞敏先生の回想によると、大学と同様の高等教育機関であるといいながら、履修要綱を実質的にいかに大学工学部に近づけるかに苦心したそうです。

5年間のうち、最初の2年半は主として一般科目で、その程度を普通高校進学クラスに目標を置く。専門科目は実験実習を通じ、目で見、手で触れて技術を身に付ける努力をするが、「目標を大学工学部に置いていることを学生に意識させるために、鹿児島大学の先生を非常勤講師に招いた」とあります。

鹿児島大学は、稲盛和夫さんの母校です。鹿児島高専の先生方の中には稲盛さんの大学同期生がいて、稲盛さんが59年に創業した京都セラミック（現・京セラ）の話をしてくれました。振り返ると、その頃から私は稲盛さんと縁があったのかと不思議な気がします。

また、一般科目と専門科目を有機的につなげるために、特に一般科目の理数系科目と専門科目との内容を関連付ける努力がされました。高専制度の船出に、先生方の並々ならぬ試行錯誤が続いていました。

高専の特徴の一つは寮生活です。「学生は全県下から集まり、素朴な農村地域の者が多いので集団生活を行なうために昭和四十三年度より、一、二年生は全員学生寮に収容することにした」（「鹿児島高専十年史」）。3期生は、ほとんど寮に入りました。寮は広大な学

寮の自室で勉強に励む

校の敷地内にあり、「志学寮」と名付けられていました。孔子の「論語」にある「吾十有五にして学を志し」に由来します。

私が1年の頃の寮は、1部屋の人数は5～7人。必ず上級生数人と同室になります。2段ベッドが並び、自分専用の机がありました。厳しい規則があり、起床、体操、朝食、登校、部活、帰寮、夕食、入浴、自習時間、自由時間、消灯。全てをベルが告げます。

とはいえ、男所帯の青春真っただ中です。規則があれば、それを破る者が必ずいます。

学校の敷地の全周囲は金網のフェンスで囲まれ、出入り口は学校の正門と寮の門だけ。もちろん両方に門限がありました。

夜、すきっ腹を抱えた寮生の期待を背負ってフェンスを乗り越え、近所に食料買い出しに行った〝義勇兵〟は、あえなく捕まって退寮、退学。週末の外泊時にヒッチハイクで鹿児島市内の繁華街（通称・天文館）に乗り込み、深夜、成人映画を見たり、ダンスホールに入ったりしたのがばれて退寮、退学――。

　こうして鹿児島高専を去っていった若者も、少なからずいました。

ジェラードが来る！

　鹿児島高専のある霧島市隼人町には大和朝廷に平定された人々を供養したという〝隼人塚〟があり、薩摩隼人のルーツとされています。近くの日当山《ひなたやま》温泉には、西郷隆盛がよく通ったという〝セゴドンの湯〟があります。そんな風土ですから、今から思えばいじめやパワハラとされるような先生や先輩による〝体を張った指導〟は日常茶飯事でした。父母も「うちの子が言うことを聞かなければ、どんどん殴ってくれ」という土地柄なのです。

　部活は任意ですが、体育系が多く、私は2年の途中から空手部に入りました。少林寺流空手道錬心館という流儀で、教えの中心は「心を鍛える」ことでした。私は4年まで熱中し、一応、黒帯まで行きました。

　部活というと、強烈だったのは「臭い」記憶です。空手部は剣道部と部室が同じで、入室した時の汗と体臭のすさまじさ。長年洗濯していない道着（特に剣道の道着は分厚い）

大変お世話になった山元道也先生(鹿児島高専1970年卒業アルバムから)。一緒に写っている仲間たちは立派なエンジニアになりました。左端の石田英一さんはNECで、その斜め後ろの尾上譲二さんはNTTで、右端の鏑流馬賢一さんは日立製作所で活躍しました

に染み込んでいて、臭いなどというレベルではなく、目に染みる、いや目が痛くなりました。

食べ盛りでしたが、寮の食事メニューがどんなものだったか、覚えていません。ただ、サバとサツマイモが主食の貧しい家庭に育った私には「まずかった」という思い出はありません。「屋久島時代と比べれば、何でもおいしかった」のではないでしょうか。ただ、みんなが食べる速さに驚きました。

食堂にはテレビがありましたが、見る時間は限られていました。私が楽しみにしていたのは、井上ひさしさん脚本の「ひょっこりひょうたん島」。1964年に始まったNHKの連続人形劇で、軽快なリズムの

主題曲と個性あふれる登場人物に魅了されました。

もう一つが、米国のドラマ「逃亡者」（日本では64～67年に民放が放送）。無実の罪で逃亡生活を余儀なくされた医師リチャード・キンブル（デビッド・ジャンセン）と、執拗《しつよう》に彼を追うジェラード警部（バリー・モース）の闘いは、寮生をくぎ付けにしました。先生の中に、ジェラード警部に似た雰囲気の先生がいて、彼の姿を見かけると「ジェラードが来る！」とささやいたものです。

このジェラードこと、山元道也先生には忘れられない思い出があります。山元先生は3、4、5年時の担当教官で、とても心根の優しい方でした。5年生になると、生徒たちは就職試験のために大阪や東京に出ます。しかし、その旅費がありません。先生はポケットマネーで、旅費を出してくれました。私も1万円を頂きました。

後年、かつてのクラス一同で先生の墓参りに行き、迷惑をかけたおわびとお礼をしました。ご遺族にもお会いしました。初めて訪れたお宅もお墓も驚くほど立派でした。先生は、薩摩武士の中で一目置かれた「蒲生《かもう》侍」の子孫でした。その気質で、私たちに接していたのかもしれません。「蒲生侍」については司馬遼太郎さんの紀行文「街道をゆく　肥薩のみち」に記述があります。

同期の異才・高岡修

わが国が高度経済成長期に入り、産業界の現場を支えるハイレベルな実践的エンジニアを養成するために作られたのが高専制度です。15歳の若者たちは、国家的な要請を受けて集められたのでした。

1962年に国立高専が創設されて以来、62年。高専は日本の産業界をリードする多くの人材を輩出して日本経済を牽引《けんいん》し、現在は新しい産業を創り、新しい産業を担う「人財」を育成しようとしています。制度がはらむ問題を内包しつつも、高専が当初目指した役割は、十二分に果たされたと言えましょう。

一方で、私の体験では、高専の教育になじめない生徒がかなりいたことも事実です。私の例だと、電気工学科に入りましたが、明確な将来像を描いていた訳ではありません。まだ15歳。故郷の狭い世界に育ち、山あいの発電所に憧れて、そこの仕事に就きたいという漠然としたイメージは持っていました。

自分が「理系」に適しているのか、「文系」なのかなどと深く考えたこともありませんでした。その点で、実践的な現場エンジニアを育成するという大目標に向かって突き進む高専の日々に、何となく違和感を抱いていました。「おれはどういう人間で、どんな可能

鹿児島高専1970年卒業アルバムから。４年時の修学旅行（関西方面）の旅館で担任の山元道也先生を囲む。右側の矢印は高岡修さん、左が私。２人とも卒業できなかったが、それが決まったのはアルバムが完成した後だった

性を持っていて、将来何をすべきなのか」。人間の本質的な「いかに生きるべきか」に悩んでいました。

そこで、思い出すのが1人の異才です。電気工学科同期の高岡修さん。南日本文学賞、土井晩翠賞、小熊秀雄賞、現代俳句評論賞、現代俳句協会賞などを受賞して、現代詩壇の旗手と目される詩人・俳人です。同期といっても彼は本来2期生で、1年留年。結局、6年在籍して、最終的に卒業しませんでした。

「鹿児島高専だより」第62号（2010年発行）に、ドイツ語を教えていた政《まん》所《どころ》利忠先生が「気骨ある卒業生たち　後編」という一文を寄せ、高岡さんの思

い出を書いています。「高専三年生のころの彼は筆者の教官室に時々やって来て、本棚のドイツ文学作品をのぞき見しながら将来は『カフカのような作品を書く』と言った」「四年生になるとドイツ語の授業をサボリ始めた。なにやら校内の文芸誌に熱中していた」「学年末の試験はほぼ白紙の答案を提出した」「結局、専門の電気工学や語学には興味を示さず、もっぱら文学作品を読み、詩の創作に浸っていたらしい」――。

これより前、政所先生は「気骨ある卒業生たち　前編」(「鹿児島高専だより」第61号)で私を取り上げてくれました。2回にわたる寄稿の後記［検証を終わって］の中で、高岡さんや私のように高専の主流から転身した人たちには「共通して大胆さと忍耐力がある」と指摘しています。

過日、学校を卒業してから初めて高岡さんに電話しました。長い空白は一瞬で消えて彼はこの連載に登場することを快諾し、2人は何の違和感もなく、高専時代に戻っていきました。

再び弁論大会に出る

同期の異才として高岡修さんを紹介しましたが、私も哲学の世界に踏み込んでいきました。彼ほどの熱意と徹底ぶりではありませんが。

私の成績は〝中の中〟くらい。特に目立つ生徒ではありませんでした。学友の多くは優秀で、個性的でもあり、いい仲間に恵まれました。生涯の友である石田英一さんや故・熊谷良隆さんはクラスメートです。

2年か3年の時だったと思います。たまたま図書室で手にした本がヘルマン・ヘッセの自伝的長編小説「車輪の下」でした。周囲の期待を背負って学問に励むものの、その生き方に疑問を持ち、疲弊していく少年が胸に迫りました。

次に心を動かされたのはロマン・ロランの大長編小説「ジャン・クリストフ」です。貧しい音楽家の家に生まれたジャン・クリストフを、次々に襲う苦難と悲劇。その後、何度も読み返しました。

私は山歩きが趣味で、いつも串田孫一と尾崎喜八の詩集を持っていきます。串田は山を深く愛した哲学者・詩人であり、尾崎はヘッセやロランの作品を数多く訳しています。ヘッセとロランは戦時下に迫害を受けながら、平和と理想を訴え続けました。2人への共感が、今に続いているようです。

そして、激動する日本社会や世界が私に強い影響を与えました。特にベトナム戦争と公害問題は、私の目を開かせました。

鹿児島高専の講堂で戦争と平和を論じた

私が鹿児島高専に入学した1965年、米国が北ベトナムへの爆撃（北爆）を開始し、米国内で反政府デモが激化。日本でも4月には「ベトナムに平和を市民連合」（ベ平連）によるデモ行進が行われました。反戦平和を求める学生や市民団体の抗議行動は全国に広がり、「日本史年表」（東京堂出版、2004年増補3版）には、1968年に全国で116大学に学園紛争が発生したとあります。

54ページに鹿児島高専の仮装大会の写真を掲載しましたが、そのプラカードに「安保反対」「全学連」の文字が見えます。学生たちの反乱の嵐は、程度の差はあれ、鹿児島にも押し寄せていました。

戦争を否定し、平和を求める気持ちを抑え切れず、私は校内で行われた弁論大会に出場し、国家間、民族間の相互理解の大切さを訴えました。

本来、私は特別に正義感が強かったり、政治的意識が高かったりしたわけではないのですが、前に書いたように、中学時代にも弁論大会で物議を醸しました。屋久島周辺で在日米軍が行う海上爆撃演習のために漁業海域が制限される措置への違和感を話したのです。学校がしたはずのスピーチ原稿の事前検閲を、よく通ったと思います。当時の先生方（特に牧正人先生）には、平和への熱い思いがあったのでしょう。少年のピュアな感覚を大切にし、積極的に引き出し、導いてくれたのかもしれません。

中学と高専のステージはつながっていました。

米の弁護士に憧れる

鹿児島高専の上級生になったある日、結婚して大阪にいた姉の家に遊びに行きました。そこでたまたま開いた新聞で、米国人男性の写真と記事に目が止まりました。ラルフ・ネーダー。初めて知る名前です。

ラルフ・ネーダーさんは米国ハーバード大学のロースクールを卒業した弁護士でした。

1965年、自著「どんなスピードでも自動車は危険だ」で米国製自動車の欠陥を指摘し、メーカーの安全に対する意識と投資の低さを暴き、全米に衝撃を与えました。特に米国を代表する自動車メーカー、ゼネラルモーターズ（GM）と激しく対立し、その名を広めました。60年代の米国の、いや世界の消費者運動に強い影響を与えた〝時代の寵児《ちょうじ》〟です。一人で大企業に戦いを挑む彼の姿に、私は強い感銘を受けました。同時に、弁護士という仕事に関心を持つようになりました。

私が鹿児島高専に入学した65年前後の時代は、私にはとても意味がある年でした。その年にラルフ・ネーダーさんの本が登場し、前年の64年にはレイチェル・カーソン著「沈黙の春」の日本語訳が出版されました。DDTをはじめとする殺虫剤や農薬の危険性を告発した画期的な著書で、今でも私が「自然と環境」を考える基礎になっています。

さらに、水俣病があります。水俣病をテーマにした石牟《いしむ》礼《れ》道子さんの「苦海浄土《くがいじょうど》」が世に出たのは69年。私が鹿児島高専を卒業する（はずだった）前年です。水俣病は「会社という組織に属するエンジニア、技術者、科学者は、どうあるべきか」という問いを私に投げかけました。高専は、まさに産業界の現場を支えるレベルの高いエンジニアを養成する学校だったからです。東大助手として長年、水俣病を告発し、公開自主講座「公害原論」

を続けた宇井純さんにも多くを学びました。

さらにこの頃、一冊の本に心を動かされました。日本の公害反対運動の原点の一つとされる足尾銅山事件を扱った「谷中村滅亡史」(07年発行)です。鉱毒問題を訴え続けた田中正造に頼まれて当時20歳の荒畑寒村が、政府による強制的な土地収用と村民移住の実態を書きつづったものです。

将来の進路を決めなければならない時期が来ました。大半の生徒は、学校が推薦する大企業などに就職することを当然と考えているようでした。しかし、私は容易には答えを出せない状況でした。

私たちにドイツ語を教えていた政所利忠先生は「鹿児島高専だより」第61号(2009年発行)に寄稿した「気骨ある卒業生たち　前編」で私を取り上げ、こう書いています。「四年生、五年生の頃の彼は時間割に従った専門の勉強のかたわら、ヘルマン・ヘッセ全集を読み耽り、水俣病の水銀公害に義憤を感じ、地球環境・公害学者の宇井純に傾倒していた。被害者を救うために法曹界入りし弁護士を志すようになっていた」

中大法学部を目指す

米国消費者運動のリーダーで弁護士のラルフ・ネーダーさんに憧れて、弁護士になろうと思いました。誰に相談することもなく、1人だけの決断でした。もともと、私の両親は私の勉強や進路について口を挟んだことがなく、常に私の意見を尊重してくれました。

裁判官や弁護士、検察官など法曹になるには、難関の司法試験を突破しなければなりません。経済的な理由で大学の夜間部に行こうと考えました。司法試験に強い大学といえば、私学では中央大学が思い浮かびました。1970年代の司法試験では、常に中大と東大が合格者数のトップを競っていました。

いろいろ調べてみると、中大には司法試験を受験するための研究会が学内にいくつもあり、なかでも真法会が伝統と実績を持っていることが分かりました。中大法学部―真法会という具体的なレールを見据え、昼間は大学に近い会社で働き、夜は大学で学ぼうと思いました。

私が鹿児島高専5年で中退した70年当時の中大の文系学部の校舎は、国鉄（現ＪＲ）御茶ノ水駅から徒歩5分ほどの神田駿河台とその周辺にありました。

おそらく、学校に求人があったのだろうと思いますが、東京の大手ビル管理会社の入社試験を受けることになりました。東京は全く不案内なので地図を広げて調べると、会社から大学までの距離は5キロほど、徒歩で小1時間。そのくらいなら、幼少から長距離を歩き慣れている私には問題ありません。

入社試験のため上京。往復の旅費は、クラス担当の〝ジェラード〟こと山元道也先生がポケットマネーから出してくれました。試験は無事にパスして、後は卒業式を待つばかりです。しかし、そこで舞台は一気に暗転しました。

級友である新聞部の部長が、私に声をかけてきました。前に私が「こいつは寝ていても東大に入れるな、と思った」と書いた学年トップの、ずぬけた秀才です。彼は「学校新聞に書いてみないか」と言いました。

私が公害や平和に関する本を勉強していること、弁論大会で話したことを、当然、周囲はよく知っていました。彼は「言いたいことを書いてみろよ」と勧め、1面のコラムに掲載するというのです。朝日新聞の「天声人語」や神奈川新聞の「照明灯」に相当する目玉のコーナーです。

私は事に当たって、即断即決する性分のようです。あまり、ちゅうちょしたり、迷ったりしません。ある意味で猪突《ちょとつ》猛進、直情径行の気があります。「分かった」と私は答えました。書く内容は決まっていました。改めて考える必要はありませんでした。心中に深くたまった思いを吐き出せばよかったのです。

書き出しだけは少し叙情的にして、一気に書き上げました。その記事が、校長先生の逆《げき》鱗《りん》に触れ、私を退学に追い込むことになるとは、夢にも思わずに…。

自説の撤回か退学か

小原貞敏校長を激怒させた新聞紙面を、私は今、持っていません。印刷され全校生徒に配布されたのか、あるいはそれ以前にボツになったのかも分かりません。ただ、ゲラだったのでしょうか、組み上がったコラムを自分で読んだことは確かで、内容もかなりはっきり記憶しています。

錦江湾の奥に桜島がそびえ、その背後の霧島連山の雪が溶け始める季節でした。大要、こんなことを私は書きました。ちょっと長いですがここに記します。

「霧島連山に雪が積もることのない季節になったね。いよいよ僕たちは、社会に出て行く時になったよね。でも、僕たちはチッソに迎合して水俣病を引き起こしたエンジニアと同じことをやらないだろうか。

なぜかというと、僕たちは鉄砲の作り方とか撃ち方は習ったようだ。ミサイルの作り方とか撃ち方は習ったようだ。でも、それを何のために使うのかという理念とか哲学は一切習わなかった。

水俣病を引き起こしたチッソのエンジニアが、有機水銀が人体に悪いことを百も承知の上でチッソのために『広い水俣湾に少しくらい流し込んでも希釈されて、どうってことはないよね』くらいの思いで流したはずだ。ところが、あにはからんや、食物連鎖で蓄積されたものが、人間にダメージを与えた。

エンジニアには哲学がないと問題だと思う。僕らはチッソのエンジニアのように公害の加害者にならないようにしようね」

今振り返っても、われながら生意気なことを書いたものだと思いますが、この原稿を最初に受け取った新聞部部長は一読し、黙ってうなずきました。

校長先生に呼び付けられて、5年生にして初めて校長室に入りました。校長は紙面を手に「なぜこんな

弁護士になろうと決意した若き日を振り返る

小原貞敏校長は鹿児島高専の初代校長だった（卒業アルバムから）

ことを書いたのか！」と激怒しました。特に「哲学のないエンジニアは問題だ」というくだりに怒り心頭でした。

しかし、私は自分の信念に基づいて書いたので、自分の主張を変えるつもりはさらさらありません。こちらが一言いうと、校長は薩摩弁で「ぎを言うな！」と怒鳴りました。「ぎ」は「理屈」「文句」といった意味です。「おせんしの言うことを聞け！」とも言いました。「おせんし」とは「年長者」「年配者」のことです。

最後には「自説を撤回するか、退学するか」と私に迫りました。校長は工業ドイツ語を教えていたので、最終的に「単位を与えない」という伝家の宝刀を持っていました。

私は即座に答えました。「撤回しません」。校長は無言で、慰留、説得はしませんでした。互いに頑固な鹿児島県人です。言い出したら聞かないことが、きっと分かっていたのでしょう。

これで、私の「鹿児島高専5年中退」が事実上、決まりました。予想もしない展開になりましたが、校長室を出る時、後悔はありませんでした。

さらば青春の鹿高専

学校新聞の記事にしても、校長先生との対立にしても、一連の私の行動は〝確信犯〟でした。自分の信念に基づいて書いたので、自説を撤回するつもりはありませんでした。

卒業式の案内も来ないので屋久島に帰省した私を追って、2人の親友(次ページの写真右側の2人です)が説得に来てくれました。「5年間頑張って、ここまで来たんだ。卒業目前じゃないか。あまりにも、もったいない。一時の妥協をして、校長に謝りに行け。おまえの真意は今後、いくらでも主張できる機会があるはずだ」。しかし、私にはそれができませんでした。よく言えば、曲がったことが嫌いで、信念一筋の頑固者。この性格は、

楽しい思い出もたくさんあった高専時代。親友たちとの霧島キャンプは忘れられない。右側から熊谷良隆さん、石田英一さん、私。左の２人は後輩たち＝1968年

その後も、いろいろな局面で現れます。

私の〝筆禍事件〟に関して、ジェラードこと担任の山元道也先生と話し合ったことはありません。しかし、とても心根の優しい方ですから、私のために心を痛め、校長に掛け合ってくれたのだろうと推察します。

私は、両親にも相談しなかったように記憶しています。それ以前から、両親は私の教育や進路には、全くと言っていいほど関与しませんでした。深いところで「あいつは、ちゃんとする。親を裏切るようなことはしない」と信頼を寄せてくれていた

と感じています。

同期の異才で詩人・俳人の高岡修さんについてすでに紹介しましたが、過日、卒業後初めて五十数年ぶりに彼と電話で話した折、彼はある秘話を教えてくれました。校長が周囲に「高岡修と髙橋忠仁は、絶対に卒業させせん」と話していたというのです。高専の主流から外れ、勝手な振る舞いばかりして、「おせんし」（年長者）の言うことを聞かない2人を、どうしても許せなかったのでしょう。

考えてみれば、校長も信念の人でした。京都帝国大学工学部を出て輝かしいキャリアを持つ機械工学の権威ですが、創立間もない高専を託され、全てが試行錯誤の毎日。課題・問題山積の中で、青臭く、理屈っぽい生徒たちを相手にしていたのです。校長を支えていたのは「敗戦国日本から再び優秀なエンジニアを育てる」という使命感だったと思います。私は今にして校長に「本当にご苦労さまでした」と言えます。ただし、当時の自分の行動を謝りはしませんが。

卒業証書がないことで、問題が起きました。就職が内定していた東京の大手ビル管理会社に電話すると「内定取り消し」。中央大学法学部の夜間部に通う計画にも支障が出たため、通信教育に切り替えました。

まずは、東京での仕事を見つけなくては。ある日、親戚の家で地元紙の南日本新聞を広げていて、小さな求人広告を見つけました。東京・大井町の新聞販売店の配達員募集です。電話をすると即、ＯＫ。１９７０年春、私は慌ただしく上京しました。鹿児島から東京まで列車で27、28時間かかったでしょうか。屋久島からは３日がかり。働きながら中大法学部の通信教育課程で学ぶつもりでした。

コロナ禍の高専支援

東京での新生活をつづる前に、時計の針を高速で進めて、鹿児島高専を中退した私が、なぜ53年後に〝卒業〟できたのか、その経緯を説明しようと思います。きっかけは、２０２０年からのコロナ禍でした。

世界がパンデミック（世界的大流行）に襲われ、日本でも度々、緊急事態宣言が出されました。企業は活動を停止し、学校や商業施設、飲食店は門を閉ざし、街角から人影が消えました。そんな時、ある新聞記事が目に留まりました。各地の高専の寮が閉鎖され、行き場を失った生徒が苦しんでいる、というのです。特にアジアから来たお金のない留学生が苦境に立たされている、と書かれていました。

居ても立ってもいられない気持ちになりました。何とかして彼らの手助けをしたい、役に立ちたい。私にできることは何か？　社員の頑張りと関係者の多大なご支援によって、PALTEKは苦難を乗り越え成長し、私にも多少の財産はありました。経済的な支援なら、できるかもしれない――。

私は常々、自分の財産は自分一人のものではなく、何かの都合で、たまたま私が「預かっているもの」と考えています。

1人の成功者の陰には、その人を支えた多くの人がいます。例えば、スポーツ界のスーパースターの今日をあらしめたのは、その人一人の努力だけではないでしょう。家族、監督、コーチ、グラウンドやコートを誠実に整備してくれる人、破損したボールを繕ってくれたマネジャー、レギュラーになれなかったけれど最後までチームに尽くした同僚の選手…。あるいは、他チームのライバルの存在も、自らをレベルアップさせるモチベーションになったかもしれません。それらの人たちの〝総和〟が、1人のスーパースターに結実したのではないでしょうか。その人の収入は、その人だけのものではないはずです。

そう考えると、私の財産は、これまで私に関わってくれた人たち全員のもの。たまたま私が「預かっている」と思えるのです。その一部を、社会のため、今苦しんでいる高専の

中退から38年後の2008年、孫を母校に連れて行った。思いがけない“名誉卒業”はその15年後のことになる

後輩のために使おうと考えました。

そこに「おごり」があってはなりません。売名行為や私利私欲を嫌う精神は、私が敬愛する稲盛和夫さんが盛和塾の塾生に常に問いかけていた「動機善なりや、私心　なかりしか」という戒めであり、教えです。

私の考え方は、薩摩藩時代からの郷《ご》中《じゅう》教育の柱の一つである「後輩を育てる」使命感にも通じるかもしれません。私財の使い方については、西郷隆盛の言葉である「児孫《じそん》のために美田《びでん》を買わず」（子孫に財産を残すことは、子孫のためにならない）という教訓が私の脳裏に浮かびました。

鹿児島出身の稲盛さんは西郷隆盛を深く愛し、その遺訓集にある思想、例えば「敬天愛人」「命も名も地位も金も要らない人であれ」「謙虚にして驕《おご》らず」などを、私たち塾生に熱く説いていました。

53年後の〝卒業証書〟

コロナ禍に苦しむ高専生たちの生活を少しでも支援しようと決心したものの、当時の私は鹿児島高専とのパイプを持っていませんでした。そこで、高専同期の前田光正さんに連絡し、1期生・救仁郷格《くにごうただし》さんを紹介してもらいました。救仁郷さんが、同じく1期生で母校の副校長も務めた名誉教授・河野良弘さんに連絡。河野先輩に大変ご尽力いただきました。

2021年、私は鹿児島高専を訪れ、鹿児島高専に5千万円、全国の高専を管理運営する独立行政法人国立高等専門学校機構（高専機構）に5千万円、合計1億円を寄付しました。別途、鹿児島高専の同窓会にも1千万円を寄付しましたが、こちらは高専の敷地内にある同窓会館が老朽化しているために、補修などに使ってもらうためです。

その後、高専機構本部（東京）で高専機構の谷口功理事長と鹿児島高専の氷室昭三校長から感謝状をいただきました。谷口理事長の感謝状には「国立高等専門学校の教育研究に

名誉卒業証書を手に感激の私（前列中央）。その右は谷口理事長、左が氷室校長。後列左に元副校長の河野さん

対して深い理解を示され多額の寄付を賜りました　ご寄付の趣旨に沿い今後も高等専門学校教育を通して新しい時代に対応した想像力に富み人間性豊かな実践的技術者の育成に一層努めて参ります」とありました。

寄付金について私が一貫してお二人に強くお願いしたのは、学校の建物や施設などではなく、生活に困窮している高専生のために現実的に役立つ使い方をしてほしいという一点でした。

それから2年後、思いもしない知らせが届きました。鹿児島高専が私に名誉卒業証書を贈るというのです。卒業目前に校長と対立して中退してから、はるかな時を隔てて、そんなことが起きるとは！　世の中は不思議なものです。

23年、母校で私1人のために特別な卒業式が行われました。高専機構の谷口理事長も駆け付けてくれました。手渡された卒業証書の文面は、「名誉卒業証書第1号　髙橋忠仁　本校の発展と名声を高めることに大きく寄与した功績をたたえ名誉卒業を認め　これを証する　令和5年3月6日　鹿児島工業高等専門学校長　氷室昭三」。

地元紙の南日本新聞は、その模様を写真入りで報じました。記事には「まさか卒業証書をもらえるとは思わなかった。人生百年時代なので、あと25年は社会のために頑張りたい」と私のコメント付き。さらに私を取り上げた「かお」というコーナーでは「卒業できなかったが、人生の指針を得た。学生がピュアな志を育み、地道に努力できるよう（寄付金を）役立てて」という私の言葉を伝えています。これが縁で、国から紺綬褒章をいただきました。

私の53年前のピュアな志が、期せずして実を結びました。「たとえ、その場、その時に芽が出なくても、絶えず良き想いを持ち、コツコツ良き事を行っていけば、いつか芽が出る」。これもわが師・稲盛和夫さんの教えです。

特攻花と山本五十六

8月15日（終戦の日）が巡ってきます。この時期になると、私は屋久島に咲くある花と、戦死した連合艦隊司令長官の護衛機を操縦していた屋久島出身のパイロットを思うのです。

皆さんは「特攻花《とっこうばな》」をご存じでしょうか。屋久島で5月から7月にかけて黄色い花を咲かせるオオキンケイギク（大金鶏菊）の別名です。私は年に何回か屋久島に戻り、母方の祖母の墓参りに行きます。２０２４年5月に訪れた時も、墓地周辺にはこの花が咲き乱れていました。前方は美しい砂浜と青い東シナ海。終戦間際、多くの若者が鹿児島県・知覧の特攻基地から出撃し、屋久島上空を飛んで沖縄方面の決戦場に赴きました。私には、彼らの魂が特攻花に宿っているような気がします。

特攻隊とは特別攻撃隊。何が特別かというと、戦闘機に爆弾を積んで敵艦船に体当たりする自爆攻撃なのです。出撃すれば必ず死ぬ、苛酷で非情な戦法です。陸軍の特攻隊基地は九州各地と台湾などにあり、知覧は最大の基地でした。

戦後、特攻隊基地周辺に外来種のオオキンケイギクが咲くようになり、いつの頃からか「特攻花」と呼ばれるようになったそうです。

どれほどの数の若者が特攻隊員として亡くなったのでしょうか。作家で昭和史研究家と

「特攻花」と呼ばれるオオキンケイギク。北米原産の多年草で、現在は特定外来生物に指定されている

しても知られた半藤一利さんの「あの戦争と日本人」（文春文庫）には、「わたくしの調べでは海軍二千六百三十二人、陸軍千九百八十三人」とあります。その一人一人に両親、きょうだい、妻子がいたことを考えると、胸がつぶれる思いです。特攻花は、つらく、悲しい花です。

さかのぼる1943年4月、山本五十六連合艦隊司令長官は前線視察のためにニューブリテン島のラバウル基地を飛び立ちました。長官機の後ろに2番機（いずれも一式陸攻）がつき、宇垣纏《まとめ》参謀長らが乗っていました。護衛は、わずか6機の零戦。編隊はソロモン諸島ブーゲンビル島の上空で待ち伏せしていた16機の米軍戦闘機の攻撃を受け、長官機は山林に墜落、長官は戦死しました。日本軍の暗号は米軍に解読されていたのです。

護衛機の6人のパイロットの中に、屋久島の永田地区出身の日高義巳さんがいました。私の母方の縁戚に当たる人で、護衛機の小隊長でした。6人は生還しましたが、長官を護衛する任務を果たせなかった心中と苦悩は、察するに余りあります。日高さんは同年6月、ガダルカナル島付近の空戦で戦死しました。日高さんの墓は私の祖母の墓の目の前にあります。

2番機を操縦していたのは林浩さん。私と同じ屋久島の一湊《いっそう》地区の出身です。2番機は海上に不時着し、宇垣参謀長と林さんらは奇跡的に救助されました。

林さんは後に地元の消防団長になりました。人望があり、私もよく知っていました。2006年に亡くなりましたが生前、私と妻に「山本長官の前線視察は覚悟の自決だった」と話してくれました。勝ち目のない戦争を始めざるを得なかった人々の無念を思います。

新聞販売店での日々

少し回り道をしましたが話を本筋に戻し、私が鹿児島高専を中退して上京した1970年3月に舞台を移します。

この稿を書いていると、二つのことを思い出します。一つは私の愛読書だった石川達三の小説「青春の蹉跌」。上京は私の蹉跌《さてつ》、つまり失敗、つまずきの始まりです。もう一つは、山田太郎さんのヒット曲「新聞少年」。屋久島の病床の母のそばで弟や妹がよく歌っていました。新聞配達をする少年の苦労や夢をつづった歌です。

当時、屋久島から船と列車を乗り継いで、東京まで3日がかりの長旅でした。東京駅に着き、客車に併結した貨物車で運んだ布団袋を引き取り、タクシー乗り場に並びました。しかし、何時間待っても乗車拒否され続けました。21歳、学生服姿で大きな布団袋を抱えた私の扱いが、面倒に思えたのかもしれません。

すると、1台のタクシーが止まり、女性の運転手が車のドアを開けてくれました。後で聞くと、彼女は何回かタクシー乗り場に乗り入れていて、いつまでも1人でタクシーを待ち続ける私を、かわいそうに思ったそうです。布団袋が大きくてトランクが閉まらず、彼女は布団とトランクをひもで縛りました。この親切は、忘れられません。

新聞配達員をしていた頃、この店主の車で東北まで配達員のリクルートに行った。運転免許は高専５年生の時に取得したが田舎のたんぼ道しか知らなかったので上京してからの運転には苦労した

私の職場であり、寝場所になる新聞販売店は、品川区大井町にありました（現在も健在）。２階が住み込みの人のエリアで、私は、２段ベッドと机代わりのリンゴ箱があるだけの３畳ほどの２人部屋に先輩と暮らしました。この店には翌年の元日号の配達を終えるまでいて、素晴らしい苦学生たちに巡り合いました。親切な松崎さん、愉快な大関さん、今でも「あの人たちに会いたいなあ」と思います。

朝まだ暗いうちに、到着したトラックから新聞の束がドサッと販売店に降ろされます。その音が起床の合図でした。朝刊と夕刊の配達と集金、新聞拡張。私は自転車で300部ほど受け持っていました。

先輩たちは「仕事がきつい」とこぼしていましたが、小学生時代に母と片道12キロメートルの山道を往復していた私は全くこたえませんでした。困ったのは納豆です。屋久島では食べたことがなく、朝刊配達を終えた後、生卵と納豆をかき混ぜてご飯をかきこむ先輩たちに、なかなかついていけませんでした。

店主は、普通の高卒よりも年上の私を便利に使っていたようです。新聞に折り込むちらしを商店街に受け取りに行ったり、店主の車で東北地方まで配達員の勧誘に行ったりもしました。

大都会で、驚くような再会もありました。真夏に汗だくで夕刊を配達していると、スーツ姿のビジネスマンが歩いて来ます。何と、高専の1学年上の池田信幸先輩でした。私は4年になると寮を出て、隼人町の農作業小屋の2階に下宿したのですが、その隣室にいた先輩です。日航の整備士になって、新聞販売店のすぐ近くに住んでいました。楽しい仲間が増えました。

三島事件に強い衝撃

東京・大井町で新聞配達をしている時に、こんな友人もできました。

私の担当地域は大井町駅近くの裏通り。そこでの朝刊の配達が終わって販売店に戻る際、いつも出会う50代か60代ぐらいのおじさんがいました。その人は屋台のおでん売りで、夜中までの仕事を終え、屋台を引いて帰宅する途次でした。いつもすれ違うので、立ち話をするようになりました。

ある日、余ったスポーツ新聞1部をおじさんに「どうぞ」と差し上げました。おじさんは「お返しに」と言って、鍋の底に売れ残った真っ黒なおでんをくれました。早朝の駅裏で、そんな妙な友情がしばらく続きました。

新聞配達の仕事をしたのは1970年3月から、翌年1月の元日号配達まででしたが、その間、最も衝撃を受けたニュースは70年11月25日に起きた三島事件です。作家・三島由紀夫が、自らが主宰する「楯《たて》の会」会員と共に市ケ谷の陸上自衛隊東部方面総監部に入り、そのバルコニーから自衛隊員に決起（クーデター）を呼びかけ、失敗して割腹自殺したのです。その日の夕刊の大きな見出しにくぎ付けになったことを覚えています。私は彼の思想には同調していませんでしたが、命を懸けた行動に強いショックを受けました。

昭和45年11月26日　木曜日　2版　（2）

社説

危険な「美」の実践者
三島由紀夫自決事件に思う

　作家の三島由紀夫が「楯の会」の隊員四人を率いて、東京・市ケ谷の陸上自衛隊東部方面総監部に侵入し、益田総監をイスにしばりつけ、数項目の要求をつきつけたが、要求がいれられなかったため、三島隊長と隊員一人が割腹自殺するというショッキングな事件が二十五日発生した。三島由紀夫といえば、ノーベル文学賞候補にのぼるほどの現代日本文学を代表する著名な作家であるだけに、彼の死と行為は一文壇内だけにとどまらず、広く日本の思想界に大きな波紋を投じたことは疑いない。日本の近代文学が始まってから、作家の死が大きな社会的事件となったのは、古くは芥川龍之介の自殺、戦後では太宰治の心中事件などあるが、これらの自殺や心中事件はいわば作家めいめいがもつ芸術的な悩みや文学的な行き詰まり、さらには男女関係の清算といったもので、今度の三島らの死とは明らかに異なったものである。三島割腹事件の性格や特色は、ある高名作家の死（それも割腹、介しゃくという古い日本的な方法）、文学理論と行動の一致という芸術的なワクから、さらに現行憲法や自衛隊のあり方への批判にまで及んでいることである。

　作家が自分の中に美を醸成し、自らの美学の体系を打ち立て、その完成や到達点をどこに求めるか、といった観点から三島の文学活動をふりかえってみると、「憂国」「奔馬」などの作品や最近の彼の政治的な行動から、現在の思潮や政治に強い不満をいだき、戦前の天皇制や右翼の行動、精神にあこがれていたことは、三島に忠実な読者なら容易に想像出来たことだが、彼がこのような行動を起こし、自決して果てるとはだれも予想さえしなかったことではなかろうか。その死は正しく三島美学の結晶ともいうべき壮烈なものだが、しかし、彼の死が社会的にどう受け取られ、その行為や思想が現代にどのような意味をもっているか――はまた別の問題である。われわれがこの事件で真剣に考えるべきことは、後者の点についてである。

　三島の考え方はそれが文学の場だけなら、影響力も限られているが、政治や社会的な行動となった場合は危険な要素をもち、時代錯誤的な色彩が強かった。彼が一昨年「楯の会」をつくり尚武のこころを語り、「三種の神器」を守るといった言動は、文学的には彼の「美」の延長線上にあったにせよ、いまの政治形態、社会思潮に照らすと、極端な右翼思想といえるもので、一般にはむしろひんしゅくを買うばかりか、逆コースへの方向を示すものだった。三島が自決の前、憲法改正を叫び、自衛隊の再編成を訴えたのは、彼の「愛国」「憂国」の心情を吐露したものだが、これらの問題は三島が叫ぼうと叫ぶまいと、民主主義と平和憲法の下に生きるわれわれには、受け入れることの出来ないものである。

　特に三島理論で危険なことは、戦前の右翼にみられた暗殺や二・二六事件の青年将校などに大きな共感を寄せていたことだ。結果的には、三島自身、文学理論と政治活動をいっしょに実践した形になったが、このことが一般、特に右翼に連鎖反応を起こし、第二、第三の三島の模倣者が生まれることを警戒すべきである。芸術家が死後にまで社会的な責任をもつべきかどうかはむずかしい問題だが、彼の憂国の思想は死をもって示さなければならないほどせっぱつまったものであったか、また彼が死ぬほど真剣に考えたことはあまりに閉鎖的、独善的なものではなかったか、という疑問が残るのである。

三島由紀夫の自決について論じる1970年
11月26日付の神奈川新聞社説

さて、上京の一つの目標だった中央大学法学部の通信教育課程（中大通教）での勉強に触れなければなりません。いつ頃、どういう手続きを踏んで中大通教の学生になったのか、記憶がありません。確かなことは二つ。「通信」だけでなく、大学でのスクーリングに数回出席したこと。一般教養の文学の講座で有島武郎の小説「生まれ出づる悩み」についてリポートを書き、担当教官からこっぴどく批判されたこと。教官は「君は文学が分かっていない」と強い調子で書きつけてリポートを返してきました。

当時の多くの大学が、紛争と混乱の中にありました。前年の69年には学生が東大の安田講堂を占拠。彼らを排除するために機動隊8千人が動員され、学生と激しく衝突し、負傷者多数を出しました。

全国の大学に吹き荒れた紛争の嵐は、当然、中大にも及びました。まさに、政治の季節でした。大学は学生が築いたバリケードで封鎖され、満足に授業はできません。そんな状態で、私は少しずつ中大通教から離れてしまいました。

それでも、弁護士になる決意は揺らがず、司法試験を受けるために「受験新報」を読み、勉強しました。同誌は司法試験の受験生を対象にした月刊誌で、学習方法や論証方法、実践的な事例問題などを掲載していました（２０２０年に休刊）。

ある時、私は「受験新報」に大手の法律事務所の求人情報を見つけました。司法試験を受けるなら、新聞販売店より法律事務所で働く方が役に立つだろうと考えました。販売店の店主は了解してくれ、引っ越しのために自分の車を貸してくれました。

法律事務所での現実

１９７１年１月、元日号の新聞を配り終えた時点で私は新聞販売店での生活を打ち切り、都内の法律事務所に転職することになりました。

引っ越し先は小田急線・経堂駅に近い4畳一間のアパート。元日の引っ越しには販売店主が自分の車を貸してくれました。わずか1年弱の共同生活でしたが、同僚の松崎さんや大関さんが誠意をもって手伝ってくれました。素晴らしい仲間でした。私は、人との出会いに恵まれているのでしょうか。

転職先の法律事務所は大手で、所長は名の通った弁護士であることを後に知りました。こちらは何の資格も経験もない青二才なので仕事は限られていました。要するに書生レベルの小間使いで、給料はすずめの涙ほど。周囲の目は「君は毎日勉強させてもらっているんだから、逆に事務所に手当を払ってもらいたいくらいだ」という雰囲気でした。

いろいろな雑用に駆り出されているうちに、法律執行の陰の現場を数多く見聞することができました。詳細は書けませんが、弁護士がやくざ組織や不動産ブローカー、銀座の有名クラブの顧問をしているとか、大手私立大学の裏金問題に関与しているとか。国選弁護人の実態も、正義の実現とはおよそかけ離れたものでした。弱者への強制執行の現場にも立ち会いました。

例によって、ピュアな精神を重んじるが故の疑問が湧いてきました。国が定めた実体法

ＰＡＬＴＥＫ本社で社員と打ち合わせ。思えば法律事務所での経験がなければ、会社経営は続けられなかったろう

では、立派なことを規定しているが、それを実現するための手続法は非常に複雑で、弁護士などのプロでなければ対処できない。少し専門的になりますが、実体法は権利が発生したり消滅するための要件を定めた法律で、刑法や民法、商法などがそれにあたります。手続法は発生した権利を使うための手続きを決めた、例えば刑事訴訟法、民事訴訟法などです。

しかし、法律が複雑過ぎて分からないのでプロに頼むとなれば、お金がかかります。経済的弱者は、結局、負ける。それが確かな現実だ。司法も権力の側についている——。

激しい怒りがこみあげてきました。今

思えば、その怒りが過熱し、反体制の過激派組織に入らなかったのは、妻のおかげです。転職して間もなく、屋久島での幼なじみと結婚しました。親同士もよく知る仲でした。東急・用賀駅近くに移り、年末に長女が生まれました。生活費に事欠きながら奮闘する妻の姿が、私の観念的な〝妄想〟の暴走を止めてくれたのです。

米国の弁護士で消費者運動のリーダー、ラルフ・ネーダーさんを知って以来、志してきた弁護士への夢が、少しずつ色あせていきました。そして、2年ほど勤めたところで、私は法律事務所を辞めました。

後年、会社経営者になると法律事務所での体験は非常に役立ちました。「若い時の苦労は買ってでもせよ」。20代での挫折は、全てプラスの糧になりました。ことわざは傾聴すべきです。

転職と挫折　繰り返す

法律事務所を辞めてから自分でも思い出せないくらい、転職と挫折を繰り返しました。当時の私は、不思議に若山牧水の「真昼日のひかり青きに燃えさかる　炎か哀しわが若さ燃ゆ」という短歌を、いつも口ずさんでいました。

まず、東京・八重洲にある大手の建物管理会社に就職。積極的に宿直を引き受け、3日に1日くらいのペースで地下3階にある管理室で灰色の事務机の上に布団を敷いて、真っ暗な部屋で寝ました。しかしここでも、青臭い正論を吐いて所長と対立して、退職。

次の職場は、自宅アパート近くにあった金属部品を旋盤加工する町工場です。鋼材を仕入れて加工し、それを大田区蒲田のいくつかの町工場に持ち込み、研磨、熱処理、メッキをしてから最終的に糀谷にあった赤井電機に納入していました。運送手段は日産のトラック。時々、娘2人（2歳違いで次女も授かりました）を助手席に乗せ、小椋佳さんのヒット曲「さらば青春」を合唱し、運転していました。

この時に日本の製造業を底辺で支える町工場の重要さ、素晴らしさを身をもって体験し、それが後の「共生」思想につながる一つの要素になっています。しかし赤井電機が経営不振に陥って事業を縮小。その余波で私はまた退職しました。

この間、妻も懸命に働いてくれました。娘たちが寝ている間に早朝から自転車でヤクルトを配達し、私も手伝いました。その後、私は町工場での経験を生かして金属部品の加工をする株式会社エンデバーを設立。アパート内で作業しましたが、他の住人から「うるさい」と苦情が出て、中断。千代田区麹町にあった百科事典の販売会社にセールス担当とし

旋盤加工の町工場で働いていた当時、このトラックで荷を運んだ。左側の後ろ姿が私。乗っている自転車で妻のヤクルト販売の手伝いをした

て入社しました。

全くの偶然ですが同社には、鹿児島高専の同期生で当連載に何度か登場した前田光正さんがいて、社内でバッタリ。彼は私とは対照的に優秀なセールスマンになっていました。売れなければ収入ゼロなので、ここも長続きしませんでした。

次は港区にあった不動産販売会社へ。北海道・長万部の原野を売る、かなりいかがわしい会社だったので、また正論を吐いて上司と衝突。「給料は要らない」とたんかを切って退社してしまいました。

退社すると収入が途絶えて日々の生活もままなりません。ついに食べるものもなくなりました。妻が私に内緒で不動産販売会

社を訪ね、経理担当者に談判して数千円を受け取り、その夜の食料購入に充てたことは後で知りました。妻の両親も経済的な支援をしてくれました。妻と義父母には心から感謝しています。

その頃、自分にやっと反省の心が生じました。結婚して2人の子どもがいるのに、青臭い正論や正義感を振りかざすだけで、日々の生活費も稼げない。とにかく、このままではだめだ。自分でも分からない光を求めて、暗中模索の日々が続きました。そのうちに、なぜか「人間を知らなければだめだ」と思い始めました。

〝神の啓示〟を受ける

転職を繰り返し、何をやっても、だめ。八方ふさがりの暗中模索の日々。お金はないのに、一筋の光明を求めて私は新聞を購読し始めました。

1975年ごろだったと思います。紙面の片隅に、東京・南青山での経営者勉強会が紹介されていました。「人間を知らなければ」となぜか思っていた私は早速、参加してみました。当時、世田谷区用賀のアパートに住んでいたので、行きやすかったのです。

40歳前後の経営者たちが集まり、ベンチャービジネスという概念を導入しようという勉

あなたが心にともした灯は
時に情熱の炎であり、
時にやさしいぬくもりの火でありました。
そして今なお、私たちの
道しるべの灯りとなっています。
いつも感謝とともに。
一九九九・一〇・三一
題字:感謝

磯崎忠男さんの写真入りテレホンカード。1999年に67歳で亡くなった彼を慕う人たちが「しのぶ会」を開き、作成した

強会でした。しかし私は内心がっかりし、反発心さえ抱きました。内容が米国のアンドリュー・カーネギーやナポレオン・ヒルら著名なビジネス成功者の手法の事例研究で、私は「表層的なビジネススキルやテクニックの話ではないか」と早合点したのです。いわゆる一般論ばかりで、触発されることはありません。しかしそれまでの挑戦が全て挫折の連続だった20代後半の私にはその勉強会しか逃げ場がなく、どうやって参加費を工面したかは覚えていませんが、嫌々ながら参加を続けました。

そしてその勉強会で、ある経営者の話を聞きました。その時も、いつものように斜に構えていたのですが、参加者はみんな喜々として耳を傾けています。

何の前触れもなく、突然、〝神の啓示〟を受けたような気持ちになりました。「自分は間違っていた！　人は理屈より笑顔で動くのだ！」と心の底から感じたのです。親鸞の言葉を弟子の唯円がまとめたとされる「歎異抄」では「善人が往生できるなら、悪人はなおさら往生できる」と説いています。その「悪人正機説」の意味が分かったような気がしました。

この時、笑顔を絶やさず講演したのが、磯崎忠男さん。後の大恩人です。磯崎さんは茨城県の水戸工業高校から横浜国大に進学。卒業して富士通に勤め、初期の半導体事業に関わった後、独立して総合塗装技術センター（現・コーテック株式会社）を創業しました。

磯崎さんとの出会いが、わが人生を良い方に導いてくれたと思っています。私は上司や周囲と衝突を繰り返し、しっかりと会社勤めをしたことがありません。その結果、良き上司、良き社長と巡り合いませんでした。それを一般的には「不幸、不運」と見るのでしょうが、私はむしろ逆ではないかと思っています。なぜなら、自由に古今の素晴らしい人に教えを乞うことができるからです。だからこそ、私は本田宗一郎さんや松下幸之助さん、そして稲盛和夫さんを〝心の上司〟にすることができました。

よく「会社がだめ」「上司がだめ」「社長がだめ」「社会がだめ」と言う人に会います。

しかし、そう嘆くことは全くありません。むしろ「上に制約されないチャンス。自分の周囲ではない、歴史のかなたにいる古今東西の偉大な先達に学べるチャンス」と考えてみればよいのです。

磯崎忠男さんの導き

磯崎忠男さんから〝神の啓示〟を受けた私は、それまで正論と正義を掲げては衝突を繰り返していたわが身を振り返り、「まず自分が変わらなければだめだ」と考えるようになりました。相手を論破したところで、人は一人では生きられません。支え合い、譲り合う精神を持とう。おごらず、謙虚に、共生の思想を持とう――。

そして、外資系保険会社の個人販売代理店をしていた1979年のある日、新宿3丁目のスクランブル交差点のど真ん中で磯崎さんにバッタリ会いました。この瞬間から、わが人生は好転し始めたのです。

磯崎さんは「今から10人ほどの社長を紹介するから、会ってみないか」と誘ってくれました。私は「ハイ！」と即答。磯崎さんについて行くと、1人目は絵画の販売、2人目が半導体関連の会社社長でした。この出会いが、後のPALTEK創業につながります。

本文で紹介した講評をもらった３年後、横浜で開催された盛和塾の全国大会で稲盛和夫さん（中央）と私たち夫妻＝1999年、パシフィコ横浜

磯崎さんを知ってから約20年後、１人の経営者として、稲盛和夫さんが主宰する盛和塾の塾生になった私は、盛和塾の全国大会で磯崎さんの〝神の啓示〟について発表。稲盛さんから次のような講評を頂きました。少し長くなりますが、私にとっては記念碑的な文章なので紹介します。

「あなたは多感な青少年時代に、出会った大人に反発し、人生の真理を求めて宗教とか哲学の思想を読まれました。それは非常に良いことですが、そのために理屈っぽくなり、周囲に突っかかっては、どこの会社でも追い出されるというつらい体験をされました。

そしてある人の講演会で、講師の方が笑顔で皆を魅了していることに感激し、神の啓示を受けたような気がしたとおっしゃいました。あなたは、大変素晴らしいことに気付いたのです。それを今も持っているから、忘れないでそれに徹してほしいのです。

あなたが大久保利通的な理屈ばかりの人間から、西郷隆盛みたいな人間に変わることが、会社を必ず成功させるでしょう」

大久保利通と西郷隆盛を並べるあたりが、いかにも鹿児島出身の稲盛さんらしいと思います。

時を戻します。私は、磯崎さんに紹介された2人目の社長が経営する半導体関連会社に入りました。全く未知の世界でした。まず、朝は定刻1時間前に出社して、会社に届く新聞各紙、週刊誌、出版物を熟読しました。後で知ったのですが、それは稲盛さんの教えの一つである「誰にも負けない努力」の実践でした。数カ月後には、社員仲間が私に情報を聞きに来るようになりました。

高専で電気の基本的理論は学んでいましたので、半導体の概要はすぐに理解できました。ほぼ無給状態から給与が50万円になり、冬のボーナスは300万円でした。見たこともないお金を前に、妻と、たまたま上京していた妻の母も、泣いて喜びました。しかし、喜びは長くは続きませんでした。

怪しいセールスマン

磯崎忠男さんの導きで半導体関連の小さな会社に就職。多額の給料やボーナスを手にすることができ、狭いアパートから横浜の借家に移りました。しかし、良いことは長続きしません。

社長と一部社員の間で労働争議が起こり、収拾がつかなくなりました。社長は出社せず、知らないうちに社歴が浅く役職もない私が実質的な清算責任者になっていました。激しい抗議活動を受けながら「お客さまに迷惑をかけまい」と必死に頑張りました。一部社員は夜中に私の自宅まで押しかけてきました。家族にも心配をかけましたが、何とか清算をやり遂げました。

この時の対応が、外部の関係者に評価されていたことは後に知りました。ＰＡＬＴＥＫを立ち上げる際、その評価はとても役立ちました。しかし、それは後々の話。現実はまたもや失業です。しかし、不思議と動揺はなく、「こうなったら、自分でやるしかない」。１９８１年、個人創業で半導体販売に乗り出しました。

といっても金なし、資産なし、人脈なし、会社経営の知識なし。あるのは、自分でも持て余すピュアな情熱だけ。よく「会社を成功させる秘訣《ひけつ》は人・物・金」と言いますが、全ては絶えざるピュアな情熱にかかっています。稲盛和夫さんいわく「潜在意識に透徹する強い願望を持て」。それがあふれ出れば、人・物・金はついてきます。

清算責任者としての私の行動を見ていた、当時の仕入れ先の責任者が「米国製の半導体を融通しますよ」と声をかけてくれました。しかも「資金がないでしょうから支払い期日は考慮してあげます。ただし、顧客は新規に開拓してください」。

ここで半導体の説明をします。本来は電気を通す「導体」

1980年、半導体関連会社で働いていた頃の写真。当時は手作業で半導体をプログラムしていた

と通さない「絶縁体」の中間の性質を持つ物質のことですが、これを用いた集積回路のことも指します。情報処理機能があり電子機器には欠かせない部品で、私はそれを扱いました。

ちょうどテーブル型インベーダーゲームが流行し始めた頃でした。私はすぐ秋葉原周辺の中小・零細のゲーム機器メーカーを飛び込み訪問して一軒一軒、顧客開拓。それまで百科事典や不動産、保険などを売ってきた経験が役立ちました。

しかし怪しげなセールスマンなので、しっかりした会社は相手にしてくれません。怪しげな会社に半導体を渡し、その場で現金を受け取る。常に緊張感あふれる取引でした。地下にある会社に半導体を納入して現金700万円を受け取り、階段を上っていると、隙あらば力ずくで金を奪い返そうという気配を背後にひしひしと感じます。こちらも周囲を警戒し、高専時代に稽古した空手の得意技である後ろ回し蹴りをいつでも加える気持ちで歩きました。

経理に関する知識が全くないのに、私はごく自然に現金の流れを把握していました。経営を難解に説く人がいますが、実は非常にシンプルだと思います。シンプルを実践できるかどうかが問題なのです。

ＰＡＬＴＥＫの船出

個人事業を始めて、何とかその日暮らしはできましたが、しっかりした法人にする必要がありました。ところが、何をどうしたらいいのか、全く分かりません。ここで、法律事務所で働いた経験が生きました。東京地方裁判所や地方検察庁など堅そうな役所に何度も手続きに行ったことで、役所には慣れていました。法務局や税務署に何度も通って「一から教えてください」と聞いて回りました。

法務局や税務署で説明を聞いて分かったのですが、法人の登記には実印のある発起人が7人必要でした。当然、印鑑証明も必要です。重要な法的手続きですから、誰でもいい、というわけにはいきません。7人集めるのは無理だ…。

それでも、粘り強く発起人になってくれそうな人を探し回り、やっと名義を貸してくれる7人を確保しました。株式会社の資本金300万円は、妻の父や多くの方々の支援のおかげで調達することができました。

1982年、住んでいた横浜市青葉区（当時は緑区）の借家でＰＡＬＴＥＫは船出しました。台所を事務所兼用にしたのです。

社名前半の「ＰＡＬ」には「仲間」と「ＰＬＤ（という半導体）」の意味を込め、「ＴＥ

ＰＡＬＴＥＫ創業の地、借家の前で私（後方中央）と頼もしい“助っ人”たち（左から弟、妻、妹）。後ろに止まっているのは社用の中古バン。発起人になってくれた人たちは会社経営にはノータッチだった

Ｋ」は「技術」。ＴＥＣでなく、ドイツ語風のＴＥＫという表記にしたのは、工業ドイツ語を教えてくれた鹿児島高専の校長との縁を忘れないようにという思いからです。ＰＬＤは、従来の規格品とは違って購入した設計者が手元で自由にプログラミングし直し、必要とする高機能を搭載できる半導体です。当時はほとんど知られていませんでしたが、私には、将来、日本の電子機器産業に不可欠になるという確信がありました。

戦後、日本の電子機器メーカーは安くて良い規格品を大量生産し、世界市場を席巻しま

した。しかし私は、「近い将来、規格品を大量生産する時代は終わり、より付加価値の高い多様性のある製品作りを迫られる」と読んでいました。分かりやすく言えば、標準的な「つるし」のスーツではなく、オーダーメードのスーツ。一律に大量のお客さまを対象にするのではなく、一人一人の事情に寄り添う製品を提供しようと考えたのです。今振り返ると、私の読みは当たっていました。

しかし、住宅街の借家オフィスには問題がありました。一つはチリ紙交換の回収車。用済みになった新聞や雑誌をチリ紙と交換してくれるのですが、回収を呼びかける拡声器の声が大きく響き、電話相手の声が聞こえません。さらにその呼び声を聞いた相手は「仕事の電話を自宅から？　ちゃんとした事務所を構えているのではないの？」と疑問を抱き、借家オフィスは会社のイメージを損なうことになりました。ある時は、私の名刺を手に訪ねてきた人が「ご自宅なんですか…」と失望を隠しませんでした。

そこで、私の大恩人の磯崎忠男さんが所有する渋谷区南平台の中古マンションの一室を格安で貸していただき、引っ越しました。

日銭を稼ぎ　夢に投資

１９８４年、東京都渋谷区南平台のマンション一室に事務所を移転。社員も少し増やした頃にハイテク専門商社エヴィック株式会社の創業者・中上崇社長から多くの支援を受けました。オンボロ机と電話が1台あるだけだったＰＡＬＴＥＫ事務所に近くにあった中上さんの会社（渋谷区松濤）から備品を運び、無償で使わせてもらいました。さらに中上さんはＰＡＬＴＥＫの会社案内について「エヴィックを子会社と書いてもいいよ」と言ってくれました。生涯をベンチャー企業の育成にささげている中上さん。私は心から感謝し、尊敬しています。

当連載に何度か登場したデーヴさんは84年入社。海外担当となった彼を中心に、米国・シリコンバレーにあるＰＬＤ（書き換え可能な新しい半導体）のベンチャー企業に片っ端から手紙を出し、「貴社と取引したい」とアピールしました。しかし、こちらは知名度ゼロ。ほとんど返事がきません。しばらくして「取引してもいい」という返信が1社だけあり、代理店権を取得しました。それはアルテラ社という、社員30人ほどの駆け出しの会社でした。

後に同社は大発展し、ナスダック（米国の新興企業向けの株式市場）に上場し、２０１５年には世界最大手の半導体メーカー、インテル社に2兆円強で買収されました。しかし、日本のマーケットでＰＬＤが売れるようになるまで、約10年かかりました。ＰＬＤを使ってもらえるまで地味な啓発活動、試作、生産と粘り強く積み上げていくことで、会社の体力を向上させることができました。

当時、私が強く意識していたのは「日銭を稼ぎ、夢に投資する。その両輪を回し続ける」ことです。

「日銭」では毎日、私1人で十数社を訪問して注文を受け、社に戻ってからプログラミングをし、夜中に納品。深夜、おんぼろ中古車を運転しながら、村田英雄さんの「人生劇場」を大声で歌い、自らを鼓舞していました。松下幸之助さんが

手前がエヴィック創業社長の中上崇さん。ベンチャー企業育成に尽力され、私も大変お世話になった。左はこちらも私の大恩人である磯崎忠男さん＝1992年

「自分で自分の頭をなでたくなる心境になるまで働かんと、だめでんなぁ」と言っています。

「夢への投資」も、必死にやりました。お金がないので、経済的な投資はできませんが、将来に備えて顧客のデータベース作りを徹底して実行しました。しかし、既存の顧客は吹けば飛ぶような零細ゲーム屋さんばかりです。どうやって新しい地平を切り開き、飛躍の芽を見いだすか。

経営者が困難に遭い、「万策尽きた。もうだめだ」と嘆く話はよく見聞きしますが、本当に「万策」尽きたのでしょうか。発想は無限にあります。私が実行した極端な例を紹介しましょう。

目をつけたのは、東京の埋め立て地（現・臨海副都心）です。夢の島のごみ集積所で、廃棄された雑誌類の山の中から電機メーカーの名簿を見つけて、潜在顧客リストを作りました。

ただし、これは40年ほど前の話。いつの世でも法に触れる行為は厳禁です。

「泥縄式経営」の日々

私は自分で作った顧客リストの中から、新しいタイプの半導体・ＰＬＤを将来必要としてくれると踏んだ相手に、困った折の回路設計のヒントになる事例を毎日、ファクスで送り続けました。予想通り、しばらくすると、大手電機メーカーの通信・放送を担当するエンジニアから問い合わせが来るようになりました。

とはいっても、私たちＰＡＬＴＥＫの社員はまだ全くの素人です。エンジニアの問いに即答できるような知識も経験もありません。そこで、デーヴさんがそのエンジニアに電話して（大手の会社を直接訪問して面談することはまだできません）問い合わせの詳しい内容を聞き、夜、横浜の私の家に泊まり込んで米国のシリコンバレーのメーカーに国際電話をして、エンジニアの要求に対するヒントを聞き出しました。そして翌日、エンジニアに回答するという地道な方法を取りました。

この手間のかかる作業を絶え間なく繰り返しているうちに、半導体に関する私たちの知識や技術力がぐんぐん向上していきました。今思えば、稲盛和夫さんが説く「泥縄式経営」を、知らず知らずのうちに実践していたことになります。やがて、中堅・大手の電機メーカーと取引できるようになりました。

ある課題をクリアすると例によって次の問題が生じました。資金繰りの悪化です。当初のお客さまは零細ゲーム屋さんばかりでしたが、支払いは全て現金でした。しかし、大手

シリコンバレーへの問い合わせ電話のため、デーヴさん(右)は連日わが家に泊まり込んだ。当時よく遊びに来ていた私の父(中央)とも仲良しで、私たちは楽しい時を過ごした(左が私)

のお客さまとなると、内示→注文→納品→検品→〆《しめ》→手形という複雑で厳しい関門があり、PALTEKへの支払いは納品から数カ月後、半年後になります。支払いまでのつなぎ資金をどうしたらいいか。私個人のお金もなく、本当に困りました。

実は創業して7、8年くらいまでは、私の実質収入は幹部社員より低くしていました。私は物心両面で、こんなに大変な会社に集まってくれた社員に心から感謝していました。私のできることは、自己犠牲を払って社員に尽くすことでした。

ある時、米国の仕入れ先への支払資金が足りなくなりました。社員である妻と妹は公的資金を含めて、あらゆる方面に金策に奔走しましたが、うまくいきません。信用金庫からの借り入れも進展しない。そこで私は、思い切ってデーヴさんに相談しました。つまりは借金の申し入れです。屋久島にいる私の両親とも親しくなっていた彼は、快く貸してくれました。

松下幸之助さんが、次のようなことを言っています。「普段から社員のために全身全霊を尽くしていれば、いざという時に社員からでも借金できる」。また、稲盛さんは「社長とは、その集団のために、誰よりも自己犠牲を払える人だ」と話しています。

みんなの頑張りで、社業が徐々に成長し始めました。その間、オフィス移転の連続でした。

資金繰りの大恩人

米国アルテラ社とのビジネスが軌道に乗り始め、同社のCEO（最高経営責任者）が来日するという通知が届きました。こんな狭い、おんぼろオフィスを見せたら、信用が失墜してしまう。大急ぎで世田谷区用賀の貸しビルの一室（約70平方メートル）を借りて引っ越しました。1986年のことです。その頃、将来の技術系社員となってもらいたくて、

私(右)に強い印象を残したアルテラ社のエリックさん(中央)と会社近くの世田谷区の砧公園で花見を楽しむ。左はＰＡＬＴＥＫの海外担当、デーヴさん

東京電機大学夜間部の学生をアルバイトとして積極的に採用。後に、彼らは幹部として大きな力になりました。

アルテラ社からは若き副社長、エリックさんも度々来日しました。そのたびに、国際部門の担当である彼のハードワークに私は圧倒されました。昼は私たちと仕事。夜は時差のある他の国々の会社とやりとり。「この人は、いつ寝ているのだろう」と思うほどの働きぶりでした。ますますグローバル化するだろう国際競争の中で、日本のベンチャービジネスマンは、エリックさんのようなタフな人たちと渡り合っていけるだろうか、という危惧が湧いてきました。この危惧は今、さらに強くなっています。
私の好きな言葉に「窮すれば、すなわち変ず。変ずれば、すなわち通ず」があります。私はその前段に「欲すれば、すなわち窮す」を入れます。高い夢や望みを持つから困難に出合い、それを乗り越えようと必死に頑張るから、解決法が見つかる。例えば、若い人がエベレストに登頂したいと強烈に思う。しかし、体力、資金、知識、技術、仲間…必要なものが何一つない。そこで、何年も何年もこつこつと頑張り、それらをそろえ、身に付け、ついに山頂に立つ—。仕事も同じだと思います。いつの頃からか、しんどくて、つらいことが、深いところで充実感に転嫁するようになっていました。

資金繰りの話に戻ります。やっとたどり着いた大手の顧客ほど支払い条件が厳しく、資金繰りが大幅に悪化しました。その危機を、また磯崎忠男さんが救ってくれました。紹介してもらった信用金庫を訪ねて事業内容を説明し、借り入れを打診するのですが、先端半導体のことをいくら説明しても、だめ。最後は「担保物件はありますか」「保証人はいますか」になります。

その時、磯崎さんが三鷹の自宅の土地・建物を担保に差し出し、保証人になってくれました。ある時は詳細を聞かずに、実印と印鑑証明書を私に渡してくれました。この現場は妻と妹が見ています。彼の信頼は絶対に裏切れない、この人のためなら死んでもいい、と思いました。磯崎さんは1999年に亡くなりましたが、水戸のお墓を造る手伝いをし、毎年、命日には家族で墓参りをしています。

私は磯崎さんのことを思う時、いつも稲盛和夫さんの恩人の話を思い起こします。稲盛さんが京セラを創立する際、実業家の西枝一江《にしえだいちえ》さんが家屋敷を担保にして資金を調達してくれたというのです。私は磯崎さんと西枝さんはそっくりだと思っています。

上場と村口和孝さん

磯崎忠男さんに資金繰りを助けられたPALTEKですが、事業が徐々に発展すると磯崎さんの担保能力を超える資金が必要になってきました。また、米国の仕入れ先が上場し、取引条件が非常に厳しくなりました。私は全社員を集めた朝礼で現状を説明。営業活動に際して、お客さまの支払い条件をチェックするように求めました。異なる企業から同じ半導体の注文があった場合は、納期などを考慮した上で、支払い条件の良い方を優先する。やがて社員が数字を意識する社風になりました。

しかしこれ以上、信用金庫や地銀の融資（間接金融）で資金を賄うのは無理でした。となると自ら株式や債券を発行し、それを買う株主から資金を調達する方法（直接金融）しかありません。つまり、株式上場です。

しかし、私には乗り越えなければならない、自分自身の心理的な壁が立ちはだかっていました。

1970年代に全国に吹き荒れた学生運動の影響です。私は、いわば〝心情左翼〟で、当時の学生たちの精神的支柱の一つであるマルクス主義に無意識のうちに洗脳されていました。「突き詰めれば、資本家（株主）は収益のために労働者を搾取する悪人だ。おまえは、その悪人になるのか」という自分の声が聞こえるのです。上場を考えつつ、多くの証券マンに会いましたが、〝生き馬の目を抜く〟第一線の証券マンに、そんな青臭い考えが理解されるわけもなく、私の葛藤は逆に深くなりました。

そんな時、94年に野村証券の関連会社のベンチャーキャピタル投資担当、村口和孝さんと出会いました。私がそれまで知っていた証券マンとは全く異質。慶応大学で学び、シェークスピアの人生論を熱く語る。「日本の古い金融制度を変えなければ」と熱弁を振るう情熱的行動家でした。彼と話をしていると心が洗われ、勇気が湧き、いつしか青臭い自分が消えていきました。

キャピタルは資本という意味ですが、ベンチャーキャピタルでは新興企業（ベンチャー）に投資し、上場後の株式売却による利益を目指します。私は村口さんに多くのベンチャーが集まる米・シリコンバレーやイスラエルを視察するよう勧め、その現場を見た彼は独立して、起業家を支援する日本テクノロジーベンチャーパートナーズ（ＮＴＶＰ）という投資事業組合の創業を決意。その準備と並行してＰＡＬＴＥＫ上場では親身になって意見を述べ、応援してくれました。無事に上場を果たし、株の売却益を得た私は今度はその組合に投資。そうして互いに絶えず励まし合いました。

echnology Venture Partners

ベンチャーパートナーズ投資事業組合（ベンチャーキャピタル）

フトに、技術力高いスタートアップ投資手掛ける、日本初の独立系ハン
スタートアップ投資経験を積んだ事務所の一つです。
に主眼をおいた**投資事業有限責任組合**（約140億円／主な組合16本）。
故堀場雅夫氏（株式会社堀場製作所創業者）をはじめ、上場企業の
です。2006年ふるさと納税の提唱もさせて頂きました。
う！」「未来は自ら拓くもの」という理念のもと、「三方良し」の精神で、
ップへの積極投資や支援サービス」を行っていきます。

0→1
1→2
2→3
3→4
4→0

責任組合員が出資分以上の責任
合。2002年4月からはエンジェル税
資家特例業務など規制がある。

独立性が極めて高い
2/3以上が創業期からの投資
取締役就任積極関与、現場性
長期となっても、常に成功目指す
危機・失敗ともちゃんと向き合う

ズ投資事業（有限責任）組合
富岡西高、慶応経済卒）
山台駅前ビル4階
組合数16）
ンス、新生活等 約35社
322

代表の村口が慶応大学生だった1984年、シリコンバレーSandhill Roadを初訪問。VC活動にHuman-Understandingが重要と学び、①シェイクスピア劇研究会で体験した苦難のゼロから演出現場の立上げ体験、②ゼミで学んだフィールドワーク（仮説設定、現場活動検証、レポート）を原点に、1984年JAFCO入社。14年半の組織人活動で、貴重な先進的投資および上場IPO事例を体験（うち1987～1994年の7年半北海道）。

主な上場IPOは、日本データ機器（NDK）、アインファーマシーズ（第一臨床検査センター）、和弘食品、ナガワ、福原、共成レンテム、土屋ホーム、松本建工、ジャパンケアサービス、PALTEK、ブロッコリー（ブシロード）、日本コンセプト、JESCOなど先進事例多数。

毎年、自費で海外スタートアップ投資視察（アメリカ（西海岸、東）、シンガポール、フィリピン、台湾等アジア各国、中国（北京、上海）、英仏、イスラエル）。1995年NETSCAPE上場で、インターネット時代到来に危機感。インベストメントバンク、弁護士事務所等訪問し、日本におけるパートナーシップによるVC活動の再整理が重要と痛感し、1998年、日本初独立個人GPのNTVP組合を創設した。

介　上場企業

DeNA
（ゲーム・ライブストリーミング・球団）
株式会社ディー・エヌ・エー
創業者：南場 智子
設立：1999年3月
資本金：10,397百万円
従業員：連結2,951名
所：東京都渋谷区

アステリア
（ノーコード開発）
アステリア株式会社
代表：平野 洋一郎
設立：1998年9月
資本金：2,275百万円
従業員：91名　住所：東京都渋谷区

ＮＴＶＰが定期的に出しているニュースレター。右上の写真が村口さん。上場企業紹介にＤｅＮＡが載っている

プロ野球の横浜ベイスターズの親会社として知られる「ＤｅＮＡ」の創業を手伝ったのも村口さんです。多くのベンチャー企業を見いだしてゼロから育て、起業家と公私にわたり困難苦楽を共有して、現在も精力的に活動しています。

振り返ると、私は折々に素晴らしい人と出会い、助けられてきました。

優秀な大学生を雇う

ＰＡＬＴＥＫが１９９８年に株式上場するまでに多くの曲折がありました。その一つが、人材の確保です。

86年から東京都世田谷区用賀の貸しビルの一室をオフィスにしていましたが、社員の頑張りで受注が拡大し、仕事量が増えました。しかし、またも私の〝大好きなピンチ〟到来。人材が確保できないのです。

近くの職安（ハローワークと呼ばれる前です）に行くと「過去、数期分の納税証明書を出せ」と言われました。つまり「いかがわしい会社の求人には応じられない」とのこと。困り果て、悩んだ末に解決策にたどりつきました。ＰＡＬＴＥＫが扱っている新しい半導体は将来、必ず社会の役に立つ技術である。その可能性を理解してくれる大学生をアルバ

オフィス最寄りの江田駅構内に出したＰＡＬＴＥＫの広告。
わが社を訪ねてくる人に道順を示す目的だった

イトに雇おう―。

幸いにも、ＰＡＬＴＥＫからそう遠くない距離に東大の駒場キャンパスがあります。早速、そこの学生課に掛け合って、学内の掲示板に「アルバイト募集」のチラシを張らせてもらいました。すぐに何人か優秀な学生が応募してくれ、採用することになりました。わが社の存在意義と将来性を理解してくれた若い知性が新戦力になりました。

やがて社業が一段と発展し、オフィスが手狭になりました。次のオフィス探しのポイントは、人材の確保。特に、日本人が休む夜間や祝日に働いてくれる人を、どうしたら採用できるか。人材確保のため、93年ごろ、田園都市線の江田駅近くのビル（現・横浜市青葉区）にオフィスを移しました。ターゲットは近くの東京工業大学（東工大）の長津田キャンパス（現・すずかけ台キャンパス）です。

そこにはアジア各地から来た留学生が学んでいました。彼らは経済的には貧しいけれど優秀で、向上心が大でした。そして授業のない休日や深夜のアルバイトを探していました。私の狙いが当たりました。

それより前、私は新しいオフィスや機器類の実質稼働時間を調べてみました。結果は、30％程度。つまり、働いていない時間が圧倒的に長いのです。それを、祝日や深夜に稼働させることで稼働時間を60％程度まで上げようとしました。東工大の留学生たちは、私の期待に応えてくれました。

ただし、職場の日本人責任者が不在の時間帯の管理が、やや不安でした。となれば、私の出番。祝日や深夜を問わず、頻繁に差し入れを持って彼らと歓談しに行きました。共に食べ、笑い、将来像などを話し合っているうちに、信頼関係が築かれていきました。後年、知ったことですが、稲盛和夫さんや松下幸之助さんは、絶えず現場に足を運び、現場の状況と雰囲気を理解し、人心を掌握した上で経営判断をしていました。

オフィスや機器類の稼働率を高めることで、社業は発展しました。彼ら留学生たちは、その後、国内外のトップ企業に就職したり、博士号を取得して学究の道に進んだりして、大いに活躍しています。彼らとの友情は、今も続いています。

古今の〝師〟を求めて

前にも書きましたが、私はしっかりした会社に勤めた経験がありません。結果、絶えず時空を超えた師たちに学ぶ習慣がつきました。

例えば、京都の臨済宗大徳寺大仙院の住職、尾関宗園さん。その講話を収めたテープを、私の大恩人である磯崎忠男さんの知人から頂き、擦り切れるほど何度も聞きました。後年、尾関住職にお会いすると、掛け軸に揮毫《きごう》してくれました。

1989年に亡くなられた松下幸之助さん(松下電器産業＝現・パナソニック＝創業者)。私にとっては雲の上の人で、お会いしたことはありませんが、生前から著書を繰り返し読み、松下さんの肉声を収めた膨大な量のテープも繰り返し聞いて、血肉化しました。

95年にPALTEKが新横浜に移った後のことと記憶していますが、全く取引のないパナソニックの幹部が来社。幹部用の機関誌「新経営研究」に〝幸之助イズム〟を実践している会社としてＰＡＬＴＥＫを紹介したいというのです。記事が掲載されてその縁はさらに広がり、松下電器元副社長の平田雅彦さんをＰＡＬＴＥＫの社外役員として迎えました。平田さんの指導は素晴らしいものでした。

これらの出会いは、どれも稲盛和夫さんにつながっています。稲盛さんは実業家であり、宗教者でした。臨済宗円福寺の西片擔雪《にしかたたんせつ》老師のもとで在家得度した僧侶でもあり、稲盛さんが語ることの半分くらいは宗教や哲学の話でした。その稲盛さんに大きな影響を与えたのが松下幸之助さんです。

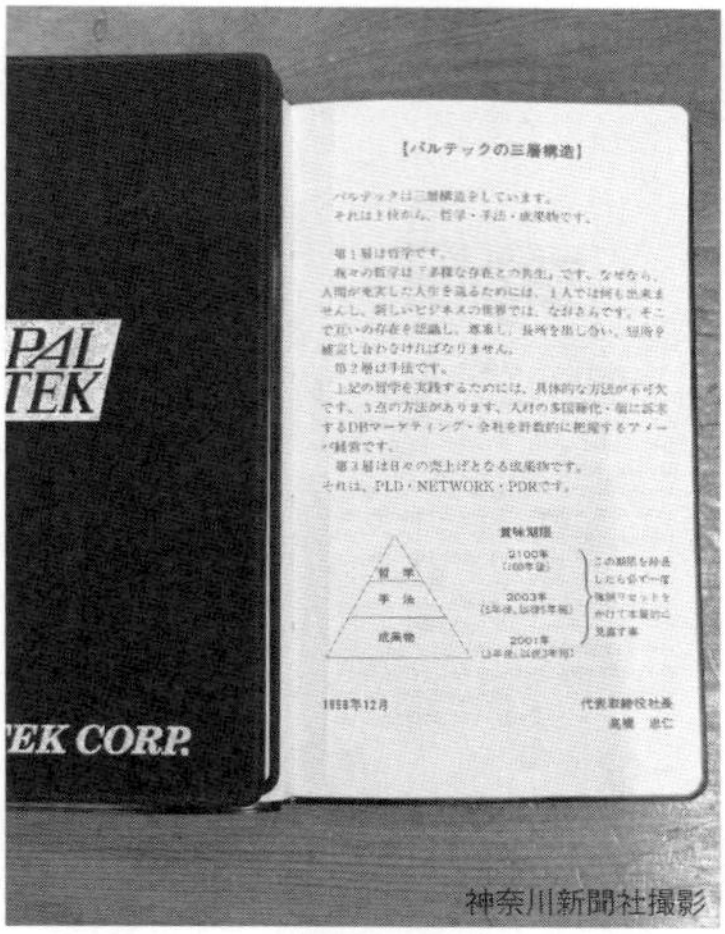

神奈川新聞社撮影

株式上場を機に作成した「パルテックフィロソフィー手帳」

ＰＡＬＴＥＫの社業が発展し始めると、「実際に会うことができる」経営者の師を求めるようになりました。鹿児島高専に在学中、先生たちから稲盛さんの話をよく耳にしました。稲盛さんと同じ鹿児島大学出身の先生が多かったのです。「経営者として、稲盛さんの教えを学びたい」という強い欲求に押されて95

年、稲盛さん主宰の盛和塾に入門。稲盛さんが説く実践哲学にすっかり魅了されました。

98年、株式上場に向けての作業に忙殺される中で自分たちの経営哲学を明確にすべく、「パルテックフィロソフィー手帳」を作成しました（フィロソフィーとは哲学のことです）。その巻頭言「パルテック号のコンパスを求めて」の一部を紹介します。

「わが社は1982年10月に借家の一室でスタートし、株式を上場するまでに成長発展してきました。この間、日本経済はバブル絶頂と大不況とを味わい、今は、過去の経験則が通用しない大変革期。われわれにとって、大チャンスでもあり、大ピンチでもあります。日々の仕事の哲学的指針となるべきものとして、パルテックフィロソフィーを成文化しました。皆さんが仕事で行き詰まりを感じたり、全体が見えなくなったりしたときに、心を込めて読んでください。このノートがパルテック号の乗組員と関係者の前途を指し示す心のコンパス（羅針盤）であることを祈ります」

課題解決を目指して

1998年7月、PALTEKは株式を上場しました。当然ですが、上場作業は初体験。難解で困難なことが多々ありましたが、社内外関係者の頑張りで乗り越えることができました。

株式市場では「半導体商社」に分類されました。私はこの分類に関して、主幹事証券会社に強硬に反対しました。なぜかというと、わが社は創業時からソリューション・サプライヤー（課題を解決するための方法を提案する）を標榜《ひょうぼう》し、柔軟な発想で業績を伸ばし、お客さまにも支持されてきたからです。商社という言葉、言霊が社員を含む関係者の発想を縛り、会社の本質的価値を否定しかねないと危惧しました。

この危惧は、当たったところもあります。日本の製造業全体の問題ですが、従来の「物（ハードウエア）」作りに偏重したことで、「使い方（ソフトウエア、コンテンツ）」を重視した海外企業に後れを取っています。

私たちは規格品を大量に提供するのではなく、国内の通信・放送・医療機器（例えば内視鏡）などの高度な産業用機器メーカー（顧客）と共生し、それぞれの設計者が真に困っていることに対して、半導体を使った解決策を提案する会社です。抽象的な会社単位ではなく、研究開発設計者一人一人が抱える事情に寄り添って、課題とニーズを共有し、解決策を見いだすお手伝いをすること。それが私たちの仕事であり、使命です。

「困っていること」の一例を挙げると、かつての日本は世界一安定した電力供給国でした。

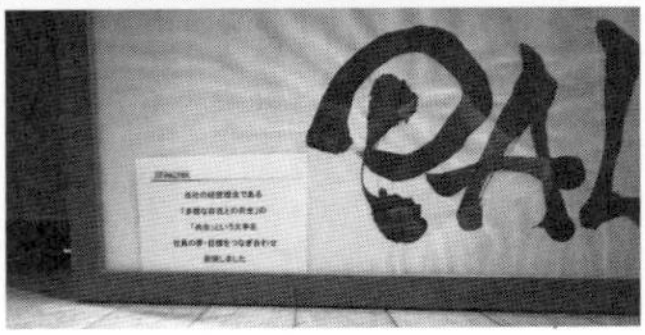

縦１メートルほどの紙にＰＡＬＴＥＫの理念を示した（２０１６年作成）。「共生」の文字は、当時の全社員が短冊に書いて持ち寄ったそれぞれの「願い事」を書家が書き写して形にした。左下にその説明文がある（拡大写真参照）

医療機関は長時間の停電を想定していませんでした。そこへ東日本大震災が襲いました。病院の停電は、即、患者の生死に関わります。私たちは早速、医療機器メーカーと研究を始め、長時間（具体的には72時間以上）持続可能な医療機関向け停電対策システムを構築し、提供しました。

　私たちは上場するまでの10年間で、６万人を超す開発設計者や購買担当者の個人レベルの顧客データベースを構築してきました。これは、言ってみれば、病院における患者のカルテのようなものです。ですから、ＰＡＬＴＥＫは単なる「商社」ではなく、「顧客のカルテ管理業」とでもしてほしかったくらいです。

私の主張は認められず、「では『その他』の業種に入れてくれ」という願いも却下され、今に至ります。

私は創業時から、外国人を積極的に採用しました。わが社はさまざまな国の人が集まり、集団を形成しています。他国や他民族の文化や歴史を互いに尊重し合うことが必要最低限守るべき心であり、今では社内の文化となっています。仕入れ先や株主など、パートナーの大半は外国人です。したがって、他国の商習慣を尊重しなければ、ビジネスは成立しません。

お客さまとの長期的な取引を継続発展できるか否かは、相手の多様な問題や要求に適切に応じ、ビジネスを成功に導く〝共生のパートナー〟になれるかどうかにかかっています。

突発性難聴に襲われ

先述した村口和孝さんは多くのベンチャー企業を育てた人です。彼によると、創業した会社を株式上場することは小学生に猛勉強をさせて一気に社会人としてデビューさせるような、大変な作業です。その過程でさまざまな壁に突き当たり、時に間違いを犯し、修正してまた前に進む。私も、そうでした。

上場は初体験ですから、公認会計士や上場作業経験のある元証券マンを雇いました。彼らの意見を聞き、資本政策（株式発行数、1株の価格、株主の構成などに関する戦略や方針を立てること）を固めていきました。

富士登山に例えると、まず「○月△日午前4時に富士山頂で御来光を迎える」という目標（上場）を立てる。専門のガイド（元証券マン）を雇い、アドバイスを聞きながら山を登る。ガイドは1合目、2合目、3合目などのチェックポイントで状況を説明し、その都度コースを確かめ、私のOKを取って再び登る。

ところが、6合目、7合目付近で、私は「何か、おかしい。本来の目標から、ずれているのでは」と気付きました。ガイドに問いただすと「ここまで、チェックポイントであなたに状況を説明し、了解を得て来ましたよね」と答える。私は「個々のポイントでは気付かなかったが、全体を俯瞰《ふかん》してみると、目標とは違う所に進んでいる」と主張する──。

具体的に書くと、元証券マンが株式を割り当てる先に彼自身の知人（PALTEKの社業に何の貢献もしていない人）を入れていました。したたかな彼は笑顔を絶やさず、巧みな話術で専門用語を振りかざし、素人である私の判断ミスを引き出して、上場すれば数千万円が仲間に渡るよう画策していたのです。

私はオフィスの一室に彼を呼びつけました。部屋の内側から鍵を閉め、詰問しました。彼は言い逃れしようとしましたが、私の怒りは収まりません。しかし、既に出してしまった私のOKを取り消すには振り出しに戻るしかなく、上場作業を途中でやめることはできませんでした。

私を元気にしてくれる新緑のブナ林。「これはブナ林から降ってくるエゾハルゼミの大合唱なんだ」と自分に言い聞かせ、耳鳴りと付き合っています

その時、突然、天井がグルグル回り始め、私は激しいめまいと耳鳴りに襲われました。病院に行くと医師は「突発性難聴です。めまいは治まるでしょうが、耳鳴りは治りません」。以来、今日まで不快な耳鳴りが続いています。

しかし、例によって「ピンチはチャンス」。数年後に素晴らしい対処法を見つけました。私は山歩きが趣味です。特に初夏の八ケ岳や茅ケ岳の山麓をよく歩きます。ある時、セミ（エゾハルゼミ）の鳴き声の大合唱が降ってきました。なんと、それが耳鳴りの音と同じなのです。以来、耳鳴りが気になったら、白い雲が浮かぶ初夏の八ケ岳を思い、山麓のシラカバやブナの林を歩いて心地よい風に吹かれる自分の姿をイメージしています。上場作業に伴う、ありがたい副産物。私はこの究極の〝陽転思考〟で何人かの仕事仲間を助けました。

米国でも多彩な展開

日本での社業が軌道に乗り始めた1994年、米国カリフォルニア州のシリコンバレーに子会社、アルファメトリック社を設立。社長にはスタンフォード大学ビジネススクール出身の日本人女性を採用しました。

日本国内の顧客が将来、必要になるだろうシリコンバレーの情報やマサチューセッツ工科大学（MIT）などの情報を週1回、電子情報誌「ハイパーコム」で無料配信。PALTEK創業以来、こつこつ構築してきたエンジニアのデータベース（約6万5千人）が共生関係づくりに貢献しました。

95年にアルファメトリック社の社長に誘われてスタンフォード大学の研究所を訪ねると、「AKEBONO」「KONISIKI」と日本の大相撲の力士の名前を持つコンピューターサーバーが2台ありました。名付け親は日本が大好きな台湾系移民の研究者ジェリー・ヤンさん、当時28歳。IT企業「ヤフー」を94年に共同で創業した人ですが、多くの人がインターネットを知らない時代。私も当時、「ヤフーなんて変な名前だな」と思った記憶があります。

ヤンさんは経済的に貧しく、サーバーのアクセスが多過ぎて大学の通信回線がパンク寸前になり、「もうすぐ大学から追い出される」と途方に暮れていました。私は、彼が開発している技術（インターネットの原型作り）に強く引かれて、彼を日本に招待。国内のエンジニア約200人を集めて技術セミナーを開催しました。ご存じのようにその後、彼の技術は世界を大きく変えました。

米国進出と並行して、私は通信機器の国際的展示会を積極的に視察。顧客である通信機器や医療機器メーカーのエンジニアと一緒に、開催地の米国アトランタ市やスペインのバルセロナ市を回りました。

米国に子会社をつくるなど積極的に通信機器関連の事業を行うとともに日本でも情報発信。東京で国内外の通信業界関係者の会議を主催した＝2000年５月

サンフランシスコ市では学生の求人活動を行いました。驚いたのはトップレベルの学生たちが既存の大企業よりも、ゼロから市場開拓を目指す新興企業にこぞって応募してくることです。米国の可能性を見る思いでした。そこでのＰＡＬＴＥＫへの応募者の中に日本の大手事務機器メーカーの社長の子息がいました。素性を明かさず入社して活躍した彼の縁で、ＫＤＤＩの創業にも関わった千本倖《せんもとさち》生《お》さんとつながりができ、後に千本さんをＰＡＬＴＥＫの顧問に迎えました。

２０００年にはテキサス州ダラス

にもう一つの子会社、通信機器設計のシグネット社を設立し、社長にPALTEK社員のナイアル・キーガンさん（アイルランド出身）を起用しました。

ＶＤＳＬという新方式を使った通信機器を完成させて米軍や大手ホテルチェーンの受注がほぼ確定した01年9月、国際電話で打ち合わせ中に米国で同時多発テロが起きました。ビジネス環境は瞬時に大幅悪化。アルファメトリック社もシグネット社もほどなく損失を計上し、閉鎖しました。浮き沈みはあったものの、多くの有能な外国人社員の頑張りに感謝しています。

稲盛哲学の〝伝道者〟

経営者として稲盛和夫さんの教えを日々の実践に移そうとした私ですが、学びが浅いせいか、なかなかうまく行きません。そこで稲盛さんが創業した京セラの用賀事業所（東京都世田谷区）に役員の森田直行さんを訪ねて「京セラを定年退職した方で、稲盛さんの教えに精通している方をご紹介いただけませんか」とお願いしたところ、「適任者がいましたが、ソフトバンクに入りました」とのこと。

私は日本橋近くのソフトバンクに出向き、ご本人に会って懇請しました。そうして199

8年に実現した上場に向けて懸命に進んでいたPALTEKに迎えたのが丸山登さんです。

丸山さんはカメラメーカーの名門・ヤシカで設計部長、製造部長を務め、83年に同社が京セラに吸収合併された後はカメラ事業部長、広報部長を歴任した人です。合併時には稲盛さんの身近にいて、その行動をつぶさに見ていました。丸山さんは言っています。「ヤシカの社員は京セラと合併して全員が幸福になった。不幸になった人は1人もいないはずで、これは誰に聞いても同じ答えが返ってくると思う。私の人生は、稲盛さんとの出会いで大きく変わった」

稲盛さんは国内外で数多くの企業合併を成功させていますが、丸山さんの言葉は第二電電（現・KDDI）の設立や日本航空（JAL）の再生などでも、関係者の一致した感想です。

丸山さんは、わが社で稲盛さんの教えに基づく経営哲学を導入し、アメーバ式経営管理手法（仕事の結果を損益計算書的な計数で把握する方法）の確立に貢献しました。社員とのコミュニケーションにも積極的で、ほぼ全社員と個別ランチ（費用は丸山さん持ち）を共にし、社員の公私にわたる悩みや相談に乗ってくれました。

私は常々、その素晴らしい指導を独り占めするのはもったいないと思っていました。2

盛和塾横浜の集まりで左から丸山登さん、私、横溝隆雄さん。2003年当時、私と横溝さんの２人が盛和塾横浜の代表世話人だった

００２年に盛和塾横浜（稲盛さん主催の勉強会の神奈川版）代表世話人になった折、思い切って丸山さんに「塾仲間の会社の相談相手になってほしい」と頼むと、彼は快く引き受け、盛和塾横浜のいわば心棒になってくれたのです。

当連載で何回か触れた１９９８年の「パルテックフィロソフィー手帳」に、丸山さんは「経営のこころ　当たり前のことを当たり前に」を書いてくれました。その一節を紹介します。

「人間は誰もが周りの人たちと影響し合い、助け合って生きています。社会の中では、互いに相手の立場を理解し、尊重し、役に立ってあげたいという気持ちをもつことが大切です。それには、人間として当たり前のことを当たり前に実行すること。すなわち、常に正しい行動をとる、礼節を尽くして人に接する、誠実で信頼される人になる、人に対して思いやりの心をもつ、いつも感謝の心でいる、一生懸命努力する、などを続けていくことです」

丸山さんは稲盛哲学の真の実践者、伝道者です。

塾の全国大会で発表

1996年7月、盛和塾の全国大会が滋賀県大津市で開催され、参加者800人の前で私は初めて自分の経営体験を発表しました。

この大会は後に世界大会となり、参加者が年々増えて2010年ころには数千人規模にまで拡大。収容能力的に、会場は横浜みなとみらいのパシフィコ横浜の国際会議場に移りました。主宰する稲盛和夫さんの「私一代で終わらせる」という意向で、2019年が最後の開催となりました。

さて1996年に話を戻します。私の発表テーマは「自分の理想とする価値観をビジネスを通して実現したい」。前に紹介した「磯崎さんから受けた〝神の啓示〟」もこの時に話したものですが、経営に絞って、内容を紹介します。

まず、なぜＰＡＬＴＥＫを設立したか。人間と人間が刺激し合い、人生を支援し合える場をつくろうと思ったからです。「集まった人々の人生を豊かにし、彼らが伸び伸びと活動できる場を提供することが私の仕事です」と私は話しました。

次に、なぜＰＬＤという半導体を扱うのか。先発会社と競合しない、専門性の強いビジネスをしようと考えたからです。

社会が成熟し、電子機器にも多様性が求められています。書き換え可能な半導体であるＰＬＤは「扱うのは難しいが将来、必ず大きなビジネスチャンスがあると予測され、しかも誰もが簡単には参入できない」「完全にニッチ（隙間的、個性的）な分野に特化した」事業でした。

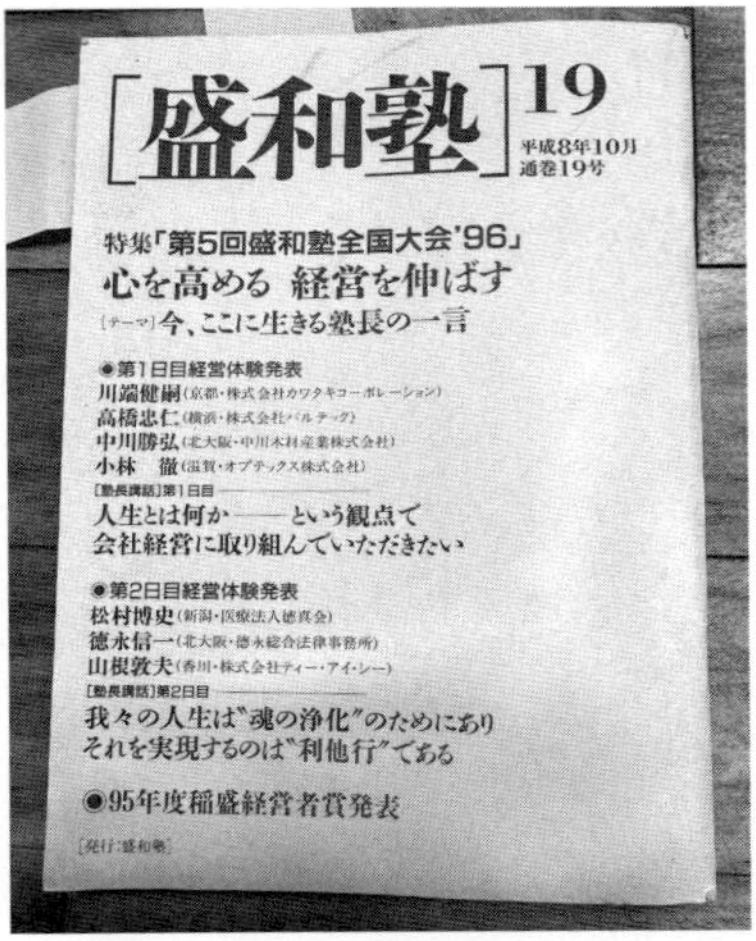

機関誌「盛和塾」。1996年の全国大会を特集しており、表紙に経営体験発表者として私の名前がある

ＰＬＤの設計は、顧客である一人一人の設計者のニーズを深いレベルで把握して適切なソリューション

（解決策）を提供することが目的です。この場合、いくら先発会社がいても、結局は一騎打ちの勝負になります。市場占有率に劣る場合はピンポイントの分野で競うよう薦める「ランチェスターの法則」にごく自然に沿っていました。

それから「共生」の理念についても語りました。

「単に半導体そのものを売るのではなく、商品について世界一詳しく、顧客の先行的、潜在的なニーズに応えるソリューション・サプライヤー（問題解決屋）として顧客を生かし、自分たちも生きるという共生の道を取ってきたつもりです。

私が生まれ、慣れ親しんだ屋久島の森はいろいろな植物が混然一体となって共生し、多様な生態系を形成しています。島は〝台風銀座〟といわれる過酷な自然条件にさらされ、山頂付近は秒速40～50メートルの風が吹き、冬の積雪は数メートル。したがって、森の共生メンバーになるには、まず独力で生き延びられることが必要で、一木一草全てが厳しい試練を乗り越えています。

私は顧客との関係も、そのような厳しい自立に基づく共生であるべきだと考えています。屋久島の森の豊かさは倒木更新（倒れた古木を苗床にして次世代の木が育つ）という生命の継承による循環で支えられています。『産業界もかくあるべし』と考えています」

稲盛さんの深い指摘

1996年に開かれた盛和塾の全国大会で私は自らの経営体験を発表しました。それに対する塾長の稲盛和夫さんの講評は、今も私の心に宿題として残っています。その講評について記します。

講評は「(髙橋の) 話を聞くと、経営の手法は完璧だと思います。この数年で売上高を10億円くらいから60億円まで伸ばし、利益率も15%近くとか。21世紀までは今の方法論で十分やっていけるでしょう。そして10倍や20倍の売り上げには軽くなるだろうと思います」と始まりました。ここまではお褒めの言葉です。しかし、その後は経営者として非常に厳しい指摘になりました。それは、私が今も徹しきれずにいる課題です。

「しかし、考え方には問題があります。原始共産主義的に『みんなが楽しい、いい会社で、企業内には多様性のある人たちが集まっている』というのは、企業経営にとっては問題なのです」。私の創業についての考えはきっぱり否定されてしまいました。

講評はその理由を説明しています。「私も含めて多くのベンチャー企業の経営者は『多様性のあるみんなが楽しい、いい会社』を思い描いて会社を起こしています。確かに経営者と従業員が一方的でない関係であることは理想です。しかし巨大な組織になると、原始

1996年の盛和塾全国大会で。私(左から２人目)や川端健嗣さん(同３人目)ら経営体験の発表者たちが稲盛和夫さん(同４人目)と共に壇上で記念撮影した

共産主義で運営できるはずがありません。大きな組織をまとめていくには、自分が大嫌いであった権力者的なものを演じなくてはならなくなってくるのです」

「大きな組織は、システマチックな運営が必要なのです。社会は多様性があっていいのですが、会社は多様性があってはいけません。創造的な設計技術者のニーズに合ったＩＣ（集積回路）を適宜提供していくという会社であるからこそ、『当社の営業方針はこうです』ということを、全従業員がやらなければいけないのです。それは、まさにモノカルチャー（特定の考えに頼った構図）なのです。社会や森はモノカルチャーではありませんが、ビジネス世界のあなたの会社には、モノカルチャーが必要なのです。一つの価値観をもった技術者集団でなければ、今後の成長はありません」

今考えても、これは非常に深い指摘です。多様性の名の下に、企業経営者が関係者の意見を聞いて回るだけで確固たる方針を打ち出せないままに企業を没落させ、社員の雇用が失われてゆく日本の現状を、稲盛さんは30年前に見通していたようです。

また、稲盛さんはこの大会の折、江戸時代に農村復興に尽くした二宮尊徳（小田原・栢山の出身）の教え、「至誠の感ずるところ天地もこれがために動く」について熱く語っていました。

さらに鎌倉の建長寺や円覚寺の座禅の会でよく説かれる白隠禅師の「坐禅和讃」を解説し、唱えるようにと塾生に勧めました。これは典籍を分かりやすくリズミカルな七五調にしたもので、私の心のよりどころになっています。

交通事故の社員守る

１９９４年だったと思います。滋賀県のＩＢＭ野洲《やす》工場に出張したＰＡＬＴＥＫ社員２人が、社有車で事故を起こしました。

夜11時ごろ、横浜のわが家に警察から電話がかかってきました。ケータイ電話がない時代です。名神高速道路の岐阜羽島インターチェンジ付近で、人をはねたとだけ伝えられました。新幹線は走っていない時間。私は妻と2人で即、現場に向けて車を走らせました。妻は会社の仕事をよく手伝ってくれ、出張した社員とも親しかったのです。

東名高速道路の海老名サービスエリアの電光掲示板に「名神高速岐阜羽島、通行止」と出ています。高速道路の通行止めは死亡事故などの重大な事故の時、と知っていましたから焦りました。違反すれすれのスピードで車を飛ばしました。

翌日の午前3時ごろから度々、強烈な眠気に襲われました。途中、何度もサービスエリアで顔をジャブジャブ洗いましたが、睡魔に勝てません。浜名湖サービスエリアで、やむなく仮眠。大変な事態に陥ったときでも人間は眠るのだ、と妙な感動を覚えました。早朝、やっと羽島インターに到着。２人の無事を確認しました。

警察の説明では社員の車がはねた中年男性は瀕死《ひんし》の状態とのこと。私はすぐに、相手が担ぎ込まれた大垣市民病院に駆け付けました。患者は集中治療室にいて、付き添いの家族は、すごい形相で私をにらみます。

その後、主治医に容体を聞きました。一命は取りとめるということで、一安心したとこ

社員の交通事故があった当時、ＰＡＬＴＥＫのオフィスは横浜市青葉区荏田にあった。その玄関前で撮った社員全員の集合写真

ろで、主治医は意外なことを言いました。患者の血液から、かなりの量のアルコールが検出された、というのです。

私は警察の事故報告書を精読し、目撃者（高速道路のバス停にいて事故を目撃した）にインタビューし、事故が起きた時間帯に社員が走った走行車線を何回も走ってみました。大けがをした男性（大手自動車メーカー系列工場の幹部でした）の弁護士から損害賠償請求などもありました。弁護士と激しいやりとりをしましたが、ここでも、法律事務所で働いている時に得た法律や法理論の知識が大変役に立ちました。

私が執念で調べた結果は「社員２人に

落ち度はない」というもの。相手は酒酔い運転で高速道路の中央分離帯にぶつかった後、ふらふら歩き回っていたのです。この件は決着し、賠償は求められませんでした。

この事故で、またもや尊敬する稲盛和夫さんとの不思議な縁を感じました。

まず社員が向かったＩＢＭ野洲工場は現在、京セラ滋賀野洲工場になっています。そして稲盛さんも京セラを創業して間もなく、滋賀県八日市工場の社員の交通事故に素早く対応しています。事故連絡を受けると深夜、京都市から１人で車を運転して誰よりも早く現場に着き、憔悴《しょうすい》した社員を励まし、関係者におわびに回ったそうです。

「社長は誰よりも社員のために尽くせ」というのが稲盛さんの教えです。

ミネルバの理事長に

私は地元・神奈川でベンチャー企業を応援する活動に関わってきました。きっかけは２０００年、ＰＡＬＴＥＫが株式上場して間もない頃にベンチャーを支援する任意団体ＴＳＵＮＡＭＩ（以下、ツナミ）が設立されたことです。

時代はＩＴブーム。みなと横浜からイノベーション（革新）の波を起こすべく民間主導で始めた活動で、「神奈川の明日を担うベンチャー企業の発掘・支援・育成」を合言葉に、県内の企業各社が大同団結。さらに「大学や行政との連携・協調を図って新しい時代のうねりを起こそう」、今でいうオープンイノベーションプラットフォーム（連携して新しい価値を創造するための土台）づくりが狙いでした。

ツナミの役員の多くは野村証券出身者でした。野村証券はＰＡＬＴＥＫ上場時の主幹事証券会社です。一流企業のエリートコースを捨てて、ベンチャー企業育成の基盤づくりという社会的課題・使命に挑戦する彼らを誠実にサポートしたいと私は思いました。00年8月、横浜・みなとみらいのパシフィコ横浜に千人以上の参加者を得て、ツナミの発起会が開かれました。ツナミの初代代表者はファンケル創業者の池森賢二さん。事務局として実質的に運営を担ったのは株式会社ＴＮＰパートナーズです。私は会場の一角で、成長企業の誕生を待ち望む熱いエネルギーを肌で感じていました。

その後、ツナミは苦労を重ねながらもベンチャー企業のためのビジネスプラン発表会、ビジネスセミナー、各種講演会など多彩なプログラムを企画、実行して産・官・学の連携を推進しました。ベンチャー支援の資金のため、投資を集めて運用する仕組み（ファンド）を設け、さらに多くの関係者と連携する企業に呼びかけて数千人が参加する規模のファンドに拡大しました。

2005年８月、ツナミ発足５周年を記念して講演会とパネルディスカッションが開かれた。ここで示された「さらなるベンチャーの育成」の思いは、ミネルバに引き継がれている＝パシフィコ横浜

個別ファンドの運営や個別ベンチャーの育成と違って、ベンチャー起業家を次々に生むための基盤（苗床）を作る仕事は大変な挑戦です。起業を夢見ながら、こと志と違って去っていく人もいました。挑戦と失敗を繰り返したわが身に置き換えて、陰に陽に応援しました。07年、ツナミは任意団体からＮＰＯ法人に移行し、私は理事になりました。

11年、団体名をツナミからベンチャー支援機構ＭＩＮＥＲＶＡ（以下、ミネルバ）に変更。

ミネルバはローマ神話の女神で「知恵と工芸の女神」とされています。12年、私は依頼を受けてミネルバ理事長に就任しました。ツナミ時代から続く月1回のビジネスプラン発表会は累計260回を超え、発表企業は延べ800社以上。その中から、26社の上場企業が生まれました。

私は75歳になったのを機に、2024年初めに理事長を退任。私より一回り若く、ツナミ発足から関わってきた呉雅俊さん（ワタミの創業メンバー）にバトンを渡しました。今後は陰ながらミネルバの発展を見守るつもりです。

横溝さんの〝恩送り〟

稲盛和夫さんの説く経営哲学を学び、切磋琢磨《せっさたくま》し、実践する過程で出会った多くの盛和塾仲間に、私は心から感謝しています。

私が入塾してから30年ほど。懸命に裏方の支援作業をしながら自らが担当する仕事では日の目を見ずに去ったり、亡くなった仲間もいます。仕事を大きな成功に導いた仲間もいます。私はどちらもその貢献（利他）においては等価だったと思えてなりません。

その素晴らしい塾仲間の中から、横溝隆雄さんを紹介します。彼は総合建設業と太陽光発電を手掛ける株式会社テック（横浜市中区）の社長です。この連載のために盛和塾との関わりなど、改めて話を聞きました。

「1986年に創業し、当初は順調でしたが、91年から4年連続赤字となり、まさに土俵際。95年、何かに押されるようにして都内で行われた講演会『ニュービジネスメッセ』に参加しました。稲盛さんが『人生と経営』というテーマで基調講演をし、企業を経営する上で経営者が『心を高める』重要性を自らの体験で語られたことに感銘を受けました。『目からうろこが落ちた』心境でした」

「それまで経営と経営者の人格は、無関係と思っていた」という横溝さんは、同じく稲盛ファンとなった奥さんと一緒に盛和塾横浜に入りました。私と同時期の入塾ですが、彼は私よりも熱心で、各地で開かれる稲盛さんの勉強会の〝追っかけ〟をしていました。「稲盛さんは会場の入り口に立って、入場する塾生に『よ〜来た。よ〜来た』と握手をしてくれた」と話してくれました。

そうこうするうちに会社の状態も徐々に良くなり、決算賞与も出せるようになったそうです。

2002年、私と横溝さんは共に横浜塾の2代目の代表世話人になり、塾の活性化に努

横溝さん夫妻が横浜市中区の自社オフィスで続けている勉強会（輪読会）。
和気あいあいな様子が伝わってくる

めました。その頃、稲盛さんは各地で「人は何のために生きるか」というテーマで経営者に限らず一般にも向けた〝つじ説法〟ならぬフォーラムを開催していました。横浜でも開催したい。そう思った塾生たちの働きかけが実りましたが、体制的にも金銭的にも厳しいものがありました。しかも押さえることができた会場は5千人収容のパシフィコ横浜だけ。実行委員長になった横溝さんは「5千人集める」と張り切りましたが、会場費捻出の問題もあって80人ほどいた塾生は半減してしまいました。

「集客できず会場がガラガラという夢を見て、飛び起きたこともあった」という横溝さんですが、02年12月に開催したフォーラムは大盛況。当日の聴衆の中から現在の横浜塾代表世話人、半澤勝広さんら素晴らしい仲間が増えました。

「稲盛さんへの恩返しは、稲盛哲学を1人でも多くの人に送ること。〝恩送り〟をすることだと確信しています」という横溝さんは今も毎月、ご夫妻で自社オフィスを会場に稲盛さんの著書の輪読会を開いています。

尊敬すべき清掃要員

私は「職業に貴賤《きせん》はない」という信念でやってきました。天は全ての人に素晴らしい能力を与えてくれています。ただ、人生のいろいろな縁で、たまたま違う花を咲かせているだけです。

私は創業以来、社員から社長と呼ばれたことは一度もありません。常に「髙橋さん」でした。世の中には「長」という肩書がついた瞬間に偉くなったと錯覚する人が、たくさんいます。ここでは私が本当に「偉い」と思い続けた人のことを書きます。

その人は、亀井喜代子さん。30年ほど前、ＰＡＬＴＥＫが田園都市線・江田駅近くにあった時にオフィス清掃要員として応募してきました。当時、70歳近くだったはずです。間もなくオフィスは新横浜に移りましたが、数年前に引退するまで20年以上、1人で社内の掃除を担当。エプロン姿でいつもほほ笑みをたたえながら、孫のような年代の社員の間を縫ってオフィスを行き来し、あちこちに花を飾ってくれたりもしました。

もちろん社長室の掃除をするのも亀井さんです。その時にプライベートな話をする機会も多く、ある時、私が使わないネクタイ数本を亀井さんにプレゼントしたら、全てを小物入れに作り替えて贈り返してくれたこともありました。

亀井さんは2021年3月、94歳で他界しました。ちょうど新型コロナウイルス感染症の第3波が収まりつつあった頃で、ご家族から連絡があったのは、葬儀を家族葬で済ませた後でした。私を含めて訃報に接した社員たちが、社内メールで亀井さんをしのぶメッセージを寄せ合いました。そのいくつかを紹介します。

「ニコニコ笑みを浮かべ、気さくに話をしたことが昨日のようです」「いつも気持ち良い対応をしてもらって、とても良い印象をもっていました」「悲しいけど、94歳。すごいです」「いつもキレイな環境を提供してくれた亀井さん。とても感謝しています」「母のように話をして仲良くしてもらったので、引退後は『元気かな~』と、ふと思い出す時がしばしばありました」「お掃除だけでなく、社員との交流も密でした。ある人にはお母さんのように、

花と一緒に社員からの言葉を贈ったことについて、ご遺族から届いたお礼のはがきにあった写真。「葬儀では祭壇に御社の社員証とバッジを飾りました」とつづられていた

ある人にはおばあちゃんのように接して悩みを聞いたり、叱咤《しった》激励したり。社員一同、本当に支えられました」「ＩＳＯ１４００１を認定取得した際に、髙橋さん（私のことです）が『亀井さんの活動のおかげで取得できた』と全社員に話したことを覚えています」

会社では、これらのメッセージをまとめて、花と一緒にご遺族に送りました。

最後に、私が寄せたメッセージを紹介します。「亀井さんは尊敬すべき方でした！　陰日なたなく柔和な笑顔で会社の隅々まで黙々と掃除をしてくれました。少し大げさですが、天台宗の開祖・最澄の教え、『一隅を照らす、これ国宝なり』を何の気負いもなく実践していました。まねしたくても、まねできない、素晴らしい方でした。心からご冥福をお祈りいたします」

ピンチに燃える闘魂

２００５年９月、何の前触れもなく米国の主要仕入れ先であるA社から「06年３月をもって契約を終了する」という通知が届きました。約20年間かけて関係を築いてきた、全売り上げの７割を占める会社です。シリコンバレーではトップが交代すると劇的な方針転換があることは知っていましたが、ＰＡＬＴＥＫは日本の顧客にしっかり対応しており、まさに青天のへきれきでした。

そして、間髪を入れずにわが社の優秀なエンジニアたちにヘッドハンティングが仕掛けられました。彼らに「あなたの会社は売り上げの７割を失うから、つぶれる。だから、うちに来い」という外資系をはじめ、いろいろな企業が「今の給料の２割、３割増し、場合によっては5割増しにする」と声をかけてきました。

社員に向けて、そういうメールが日に数十通も来る状況が3カ月くらい続きました。受け取った人はそのメールを私に回してくれるので状況も内容も把握していましたが、私か

ＰＡＬＴＥＫ社員向けの講演をしてくれた小橋建太さん（左）と。稲盛さんが作った「闘魂」Ｔシャツをプレゼントしたところ、小橋さんも“稲盛信者”と分かり、交流が始まった

らは彼らに何も言えません。結局、通常の社員の出入り（入社・退社）のレベル以上には1人も動きませんでした。さらにありがたかったのはお客さまから「信頼しているから、あなたの会社から買うんです」と言っていただいたことです。

あれこれ思案して眠れない夜は、深夜、1人でアントニオ猪木と〝鉄人〟と呼ばれたルー・テーズのプロレスのＤＶＤを見ていました。後から考えると、2人の激闘を見ながら「自分の気力はなえていないか」「この難局を乗り切る気力はあるか」を無意識に問うていたんだと思います。

私は若い頃から「闘魂」という言葉が大好きでした。稲盛和夫さんも闘志の塊で格闘技が大好き。ある時、京セラ勤務を経てプロレスラーになった小橋《こはし》建太さん（当時は引退）が主催する試合を稲盛さんと2人で見に行くことになり、後楽園ホールのチケットを買いました。しかし、稲盛さんが当時再建に関わっていた日本航空（ＪＡＬ）の役員会と重なり、残念ながら観戦したのは私だけ。小橋さんと私はガックリしました。

私は「パルテックフィロソフィー手帳」の「経営のこころ」という章に「自らに闘争心を、相手にいたわりの心を」と書いています。

現在、世界には数十億の人々と数百万の会社が存在しています。その中で日本各地から、また米国やギリシャ、ロシア、韓国、アイルランド、中国から、気の遠くなるような確率で、私たちはＰＡＬＴＥＫという小船に乗り合わせています。ある人は数カ月、ある人は数十年の同乗者です。

多くの人々の会社での航海は、平穏な日々だけではなく、むしろ嵐や「しけ」の日の方が多いかもしれません。また、多くの人生を運ぶＰＡＬＴＥＫという船も同様です。私は、この船の乗組員には二つの心を求めます。一つは、いたわりの心。もう一つは、あらゆる経済環境においても、なえることのない闘争心です。

ピンチはチャンスだ

多くの実体験から、素晴らしいチャンスほど「嫌なピンチの顔をして近づいて来る」と思う私は、2005年9月に降ってわいたようなピンチで、それをまた実感しました。上場会社なのでいずれは情報開示しなければいけませんが、その時機を見極めながら懸命に策を練り、米国A社との契約が翌年3月に終了する前に、より上位のトップメーカー・X社と新規契約を締結したのです。

05年11月、全社員に向けて「ピンチをチャンスに変える三つの方針」を発表しました。

【雇用は守る】＝フィロソフィー（仕事の哲学指針）によって、社員の心は掌握しており、さらに売り上げが2年間ゼロでも社員の給与、ボーナスは払えることを財務諸表で客観的、具体的に丁寧に説明しました。

【在庫は全てメーカーに返却し、不良在庫は1個たりとも残さない】＝これは、日々の数万点の受発注管理ができていたからこそ可能なことでした。

【新規ビジネスを展開する】＝これまで米国A社は、A社関連ビジネスで得た利益はA社ビジネスのみに再投資するよう絶えず要求してきました。その制約が消える絶好の機会。内部留保資金を活用し、得意のＰＬＤ半導体と技術的に関連の強いアナログ半導体の販売会社を買収して一気にビジネス領域を拡大しました。

さらに次のように語り続けました。「今、辞めるな。給与をもらいながら、倒産の危機から立ち上がる実体験をしろ。一生の財産になる。机上の空論ではない、最高の〝ビジネススクール実践講座〟に参加しろ。辞めるのは、それからにしろ」

再就職先を探す人は、よく「どこか良い会社はありませんか」と言います。「良い会社」はめったにないが、「大変な会社」はいくらでもあります。倒産しそうな会社で得た体験は、世の中で引っ張りだこのはずです。「私は大変な会社を立て直す仕事ができます。その実体験がありますから」と言えるくらいになれ――。

この間も塾生減少に悩む盛和塾横浜の代表世話人を横溝隆雄さんと共に続け、いつも裏方をやってくれた伊藤会計事務所の伊藤正孝さんをはじめ、塾生仲間で塾再生に向けて頑張りました。その勉強会をＰＡＬＴＥＫの会議室でしていたので、様子は社員に筒抜け。

米国Ａ社の契約終了通知で「倒産の危機」がささやかれていた頃に開いたＰＡＬＴＥＫ忘年会。社員とその家族が集まった様子がうれしく、紙にプリントアウトして持ち歩いていたので中央に折り目がある

一部社員からは「自分の会社が倒産しそうな時に、他社の世話をしている場合か」と苦情が出ました。しかし不思議と、世話を辞める気はしません。私が得た結論は、忙しい人ほど他人の世話をする。それが心の器量をドンドン広げていく。

結論から言うと、危機にあったＰＡＬＴＥＫの経営立て直し、懸命に手伝った盛和塾横浜の復活、どちらも成功しました。その様子を見ていた稲盛和夫さんが09年、私を盛和塾の本部理事に指名しました。塾が解散するまで私はその職を務め、稲盛さんと直接お会いする機会が格段に増え、いろいろな場面に同席することで世界が広がりました。

稲盛さんに感謝報恩

京セラ創業者の稲盛和夫さんは、自身の人生の超多忙な時期にもかかわらず、若い経営者のために「盛和塾」を主宰し、塾生たちにそれこそ心血を注いで教えを説いてくれました。それは1983年から2019年まで、三十数年間の長きにわたりました。心から説き、心から怒り、心から笑い、心から歌い、稲盛さんは私たち塾生をソウルメイト（魂の同志）として導いてくれました。

「経営者は大胆さと細心さ、ド真剣さとユーモラスさなど、二つの相矛盾するものを織りなしていかなければならない」と説きました。常に怖いほどにド真剣であり、時には抱腹絶倒するくらいおちゃめ。人間味にあふれていました。

中堅企業となった京セラをさらに成長発展させ、百年に一度の通信革命に打って出るべく1984年、NTTに対抗し第二電電（現・KDDI）を設立。同年、人類の科学や技術、思想・芸術の発展を期してその分野の貢献者をたたえる「京都賞」を創設。日本の政

盛和塾が行った東北勉強会ツアーで。温泉旅館に宿泊しての２次会もいつしか真剣な討論の場になってしまう。左側でマイクを握っているのが稲盛塾長、後列右端が私（右手を額に当てている）

治を良くすべく民主党のサポートを続け、２０１０年に経営破綻した日本航空（ＪＡＬ）の再生を成し遂げました。

どれ一つとっても、大変な労力を要する偉大な仕事です。そうした激務の中でも塾生たちは皆、「直接、稲盛さんと接した」という不思議な自負、感触、印象があります。恐らく疲労困憊《こんぱい》していたであろう稲盛さんが、それでも塾生一人一人の悩みを全身全霊で受けとめていたからでしょう。

私たちはこの稲盛さんの生きざまに学び、それぞれの立場でそれぞれのできる範囲で教えを実践しようと努めています。それが「稲盛さんの恩に報い、感謝する」ことだと感じています。

微力でも、稲盛さんの力の1万分の1でもそれを出す人が1万人いれば、また10万の1ならば10万人が、100万の1ならば100万人がいれば、社会を良くすることが必ずできると信じて、私は仲間と共に切磋琢磨《せっさたくま》していきます。

PALTEK倒産の危機について、私は塾の勉強会で発表しました。稲盛さんは真剣に聞いて、次のようにコメントしてくれました。

「会社としては売り上げの7割が突然消えてしまうわけですから、大変です。髙橋さんはどうしたか。取引終了を告げた会社と同種の製品を作っている半導体メーカー、つまりナンバー1の会社に『御社と商売をしたい』と持ちかけたのです。相手は世界でトップの会社で、それまでも日本に売り込みをかけていました。しかし髙橋さんの会社がナンバー2の会社の製品を扱い、きっちりと日本のお客さまを押さえていたから、いくら頑張っても、日本のマーケットに入り込めませんでした。きっと髙橋さんのことを『コンチクショー』と思っていたはずです。そのコンチクショーが、商売をしたいと言ってきたのです」。続いて、世界ナンバー1の対応について稲盛さんが述べた考察に、私は深く感動しました。

「敵ながらあっぱれ」

稲盛和夫さんは常々、自身のフィロソフィー（哲学）として「心を高める」「経営を伸ばす」ことを語っていました。ＰＡＬＴＥＫ倒産の危機に際して私が取った対応についての稲盛さんのコメントのキーワードは「尊敬」でした。

稲盛さんいわく「『商売は信用』といわれるように、何といっても信用第一です。しかし、まだその上があります。尊敬されることが、商売では一番なのです。リスペクト、尊敬です。一般に『お金の支払いに問題がない』とかが信頼や信用になっていくわけですが、尊敬となれば話は違います。『何が何でも、あなたと商売をする』『商売をしたい』というもの、それが尊敬なのです」

そして、米国ナンバーワンの会社社長の言葉を塾生に紹介しました。「ＰＡＬＴＥＫを尊敬している。ぜひとも取引したい。これまで、私たちが攻めても攻めても日本のマーケットを取ることができなかった。『敵ながらあっぱれ』と思っていた。ＰＡＬＴＥＫは特に高い給料で従業員を雇っているわけでもなく、まさにフィロソフィーで従業員と結びついている。だから、尊敬していた。その会社が、今度は私たちの半導体を売ってくれるという。願ってもないことだ」

いつも〟直球勝負〟の稲盛さんは、盛和塾の東北勉強会ツアーの合間の草野球でもピッチャーを務めた（右手前）。私は審判役

そして稲盛さんは畳みかけました。「つまり、フィロソフィーというものは、商売をする相手に尊敬されることにもつながるし、競争相手が高い給料で引き抜こうとしても、従業員が微動だにしなかったことにもつながっていくわけです。フィロソフィーがいかに大事か、よく分かると思います。人間として心でつながっている関係は、あらゆるもののベースになるのです」

「私はいつも『人の心ほど、はかなく、頼りないものはない。しかし、人の心ほど強く、これほど頼りになるものものない』と言ってきました。金もない、技術もない、何もない中で私は京セラを創業しました。確かに移ろいやすく、簡単に人を裏切っていくのも、人の心です。そんな頼りないものだけれど、どんな逆境にあっても決して人を裏切らない、素晴らしく強い心だってあるはずです。私は『その良い心の方を頼りにして、経営をしていこう』と思ったのです」。そして勉強会での私の発表内容を指して「まさに髙橋さんのおっしゃる通りです」とまで言ってくれたのです。

私が米国X社との契約交渉、締結、打ち上げパーティーを通じて強く感じたことは、哲学の大切さでした。シリコンバレーは1939年、2人の友人（ヒューレットとパッカード）がガレージでHP社を始めたのがスタートとされています。2人が残した経営理念と行動規範が「HPウエイ」と呼ばれる哲学で、稲盛哲学に通じる普遍性の高いものです。X社の社長は、その信奉者でした。半導体の売り方にとどまらず、企業哲学で私と共感し合えたことが非常に大きかったと感じています。

稲盛さんの人間讃歌

稲盛和夫さんの勉強会で私と長年、共に学び、実践し合う素晴らしい仲間の一人に濱田

稲盛和夫さん（前列右）を囲む鹿児島の仲間たち。前列左が濱田総一郎さん。後列に濱田さんの弟（右から１人目）と兄（同・３人目）、薩摩島津家の子孫である島津公保さん（同・５人目）

総一郎さんがいます。「食とエネルギーの課題解決」を目指す株式会社良知経営（本社・川崎市宮前区）の創業社長です。

濱田さんの実家は、明治元年創業の鹿児島の老舗焼酎メーカー。兄と弟がいて、兄弟３人ともが盛和塾の熱心な塾生です。

濱田さん兄弟には、良き薩摩の匂いがあふれています。例えば関ケ原の戦いで勇名をはせた西軍の猛将・島津義弘麾下《きか》の武将たち、あるいは西郷隆盛とともに明治維新を駆け抜けた志士の匂い。そして西郷隆盛を敬愛している点が、稲盛さんと共通しています。私はそこに長い歴史を持つ薩摩の郷中《ごじゅう》教育の結晶を感じます。その教えは「いにしへの道を聞きても唱へても、わが行いにせずばかひなし」。

以下、濱田さん自身の言葉を引用しながら、濱田さんの思いをつづります。

濱田さんは稲盛さんについて「経営のことになると、真剣そのもの。まさに神様のごとき的確な指導をされ、塾生との経営問答では、その本質を射抜くアドバイスにいつも驚嘆しました。一方でチャーミングな笑顔で周囲を和ませ、その大きな愛の魅力にしびれたものです」と評します。

稲盛さんを囲んで、気心の知れた鹿児島の仲間と錦江湾に釣りに行った時、濱田さんが大物のタイを釣り上げました。すると稲盛さんはやんちゃぼうずのように喜んで「でかしたぞ、めでタイ！　私がおごるから、このタイを塾生の料理屋に持ち込んでお祝い会だ」と言って、愉快な宴会が始まったそうです。

「稲盛さんの人生は、それ自体が『人間讃歌』です」という濱田さんにとって稲盛哲学とは「いくたの艱難《かんなん》を乗り越える過程で紡ぎ出された独自の思想と、その存在そのものの人間的魅力が混然一体となった生きた哲学」なのです。

濱田さんの会社は「温暖化から地球環境を守り、気候危機から人類を救う」という大義を掲げていて、その起業の相談をした時、稲盛さんの返事は「金もうけでやるなら、やめておけ。地球環境を守るという信念が本物であれば、やれ」でした。

濱田さんは未来に向け、こう語ります。「稲盛哲学は人類にとって共通の財産であり、利他の心を価値基準とする経営哲学は黎明《れいめい》期を迎えたばかり。幸いにも、私たちには稲盛さんが置き土産として残してくれたソウルメイト（心が通じる仲間）という宝があります。盛和塾の思いを継ぎ、『いついかなる時も人生と真摯《しんし》に向き合い、〝ド真剣に〟生きろ』という教えを本音で学び合える場を横浜で続けています。『激流中の底柱』という言葉がありますが、とうとうたる激流のただなかで最も大切なことを忘れがちな現今、健全な社会を支え、事業を興していく底柱になるべく、稲盛哲学を実践する塾生の輪を広げていきたいと願っています」

小異を捨てて大同を

私は自分たちの属する半導体業界を自嘲気味に、こう言います。「お豆腐屋さんみたいだよ。1丁（1兆円）、2丁（2兆円）の設備投資や買収資金が日々飛び交っている。ピンチとチャンスが目まぐるしく変化する、ありがたい業界」

「ピンチはチャンスだ」は私の信念です。

PALTEK創業時から取引していた米国A社は2015年、インテル社に2兆円強で買収されました。A社に代わり05年にPALTEKと代理店契約を結んだX社は、十数年かけて共に日本市場を開拓してきたのですが20年、AMD社（インテルのライバル社）に3兆円強で買収されました。私はがくぜんとしました。

私は創業以来、スケール（量）ではなく、クオリティー（質）を目指してきました。具体的には年商数百億円の中堅会社として、日本の競争力の源泉になっている高度な産業機器メーカーの電子回路設計をサポートする。それこそが、PALTEKの社会的な存在意義だと信じていました。

しかし、稲盛和夫さんは、かつて私に「産業構造は大きく変化している。質だけにこだわると、質も失うぞ。小異を捨てて大同につけ」と言いました。

AMD社によるX社買収という衝撃のニュースに接した瞬間、即、決断しました。よし、小異を捨てて大同を「つくろう」。業界の刷新のために、先手を打って攻勢に出よう――。

そこで、長年付き合いがあり、この業界がどうあるべきかをいつも2人で話し合っていた株式会社レスターホールディングスの今野邦廣会長に相談しました。しかし、今野会長はスケールがないとだめ。私はクオリティーがないとだめ。そこで、「ＰＡＬＴＥＫとレスターグループが一緒になって、スケールとクオリティーの掛け算をやろう」と話がまとまりました。

しかし、当然ですが、日々コツコツと堅実に頑張って、年商数百億円ビジネスを堅持してくれていた役員全員が、猛反対。私の合併提案は、否決されました。

レスターホールディングス代表取締役として2022年の経営方針発表会に臨む（中央左）。右隣は同会長兼社長の今野邦廣さん。同社は今年４月、子会社を吸収合併して社名をレスターに改めた

コロナ禍の年末年始。大みそかも元日も返上して全役員、全幹部を一人一人訪ね、説得して歩き回りました。その結果、全員が納得し、賛成してくれました。彼らの頑張りと苦渋の決断に心から感謝しています。

21年、ＰＡＬＴＥＫは上場を廃止し、レスターグループの一員になりました。私はレスターホールディングス代表取締役としてグループの融和と発展を支援しました。私は昨年75歳になったのを受けて、今年、全ての役職から降りました。

レスターグループは今野会長の素晴らしい構想力、卓越した指導力の下で発展を遂げています。直近の年間売上高は５千億円を超え、将来は1兆円を目指し、「エレクトロニクスの情報プラットフォーマー」を標榜《ひょうぼう》し、グローバルな展開を加速しています。その中でＰＡＬＴＥＫのメンバーも、若き福田光治社長を中心に頑張っています。グループの将来が楽しみです。

思いを継ぐ仲間たち

２０１９年をもって盛和塾は閉塾しましたが、翌20年、稲盛和夫塾長の教えを学び、実践する活動を続けるために、私たち有志は「フィロソフィー経営実践塾横浜」を立ち上げました。多くの世話人がいますが、全ての運営は全員のボランティアで支え合っています。代表世話人は事務局長兼任の半澤勝広さん、藤田直志さん、私の３人です。

半澤さんは来店型保険ショップ「保険クリニック」を全国で２８５店舗展開している株

式会社アイリックコーポレーションの副社長。藤田さんは元は日本航空（ＪＡＬ）副社長でした。半澤さんの体験を紹介します。

半澤さんが盛和塾横浜に入ったきっかけは、02年にパシフィコ横浜で開かれた市民フォーラム。そこで初めて稲盛さんの話を聞いたそうです。「自分に足りないものがクリアに見えた気がしました。塾長は『人生は善いことをすれば善い結果、悪いことをすれば悪い結果になる』という因果応報の法則を語られ、『短期ではなく、20年、30年のスパンで見たら、つじつまが合ってくる』と話されました」

そこに自らを重ねた半澤さん。「自分は会社をつくり、要領よくもうけたいと思っていた。因果応報の法則に従えば、自分が変わらない限り、会社もいずれはうまく行かなくなるし、自分の人生も結果的にはつまらないものになる」と確信し、即日、盛和塾に入塾。稲盛さんの話のインパクトの強さが分かるエピソードです。その後、半澤さんはほぼ全ての塾長例会に出席して全国を飛び回る〝追っかけ〟になりました。

09年にはＭ＆Ａ（企業の合併・買収）の申し入れがありましたが、半澤さんは方向性を見いだせずに、もんもんとしていました。稲盛さんに相談すると「あなたは小異を捨てて大同につくべきだ。（新しい組織で）ナンバー2になりなさい」とアドバイスされます。

横浜で開催された盛和塾世界大会で、そろいのはっぴ姿で気勢を上げる「盛和塾横浜」の面々。①長島宏②半澤勝広③④栗屋野盛一郎夫妻⑤横溝八重子⑥伊藤正孝⑦箕浦勤⑧私⑨田辺俊明⑩岩崎亮二（敬称略）

その言葉が大きなきっかけになり、合併を決意。半澤さんは「合併から12年たちましたが、今でも私はナンバー2。働いている社員の皆さんは、合併して本当に良かったと喜んでくれています」と話しています。

また、盛和塾の閉塾にあたり稲盛さんが塾生に発信した最後のメッセージ「塾でともされた火は決して消えることなく、皆さんの手によって受け継がれ、世界の隅々まで照らす力をもっていると信じています」を受けて、半澤さんは「私1人の力は小さいですが、

20年間にわたる塾長のご恩を、同志とともに社会に〝恩送り〟していきたいと思います」としています。

私も、私自身と多くの旧盛和塾仲間たちの実体験から、稲盛さんの教えの素晴らしさを知っています。この教えが届けば、救われる人がたくさんいると確信しています。その人たちをわが経営実践塾の仲間にしたいと心から願っています。共に学び、実践して自分を高めて、会社を、社会を、良くしていきませんか！

バレエ公演　善の循環

２００７年９月、あるニュースに接しました。「稲盛和夫プレゼンツ〜郷土・鹿児島の子どもと保護者３０００人を松山バレエ団の鹿児島公演に無料招待」

瞬間、私の脳裏に一つの光景が浮かびました。場所は私の故郷・屋久島を含む鹿児島県内に点在する島々の台所。お母さんと子どもが話をしています。「稲盛さんという方が、本土のバレエに招待してくれるんだって。行ってみたいね！　だけど、往復の船賃が高いから無理だね…」

私はすぐ稲盛さんに連絡して「離島の応募者の旅費を助成させてください」と頼みまし

た。稲盛さんは快諾し、鹿児島県はそれを県庁で記者発表してくれました。こうして種子島、屋久島、奄美大島などから130人の親子を松山バレエ団公演「くるみ割り人形」に招待することができました。

稲盛さんは「善の循環だよ」と大変喜んでくれました。稲盛さんが大きな善を成し、塾生が自分のできる範囲の小さな善で反応する。そういう善の循環が、社会を少しずつ良くする──。私はその実例を、いくつも見てきました。ちなみに、松山バレエ団の〝華〟である森下洋子さん（同バレエ団団長）と演出の清水哲太郎さん（同総代表）はご夫妻で、共に盛和塾の熱心な塾生でした。

公演当日、私と妻、そしてPALTEK社員の見城江美子さん（母親が鹿児島出身）は受付に立ち、稲盛さんの著書「君の思いは必ず実現する」に私のあいさつ文を添えて、来場者一人一人に手渡しました。あいさつ文は、こんな文面です。

「こんにちは。鹿児島に来るまで海は荒れていませんでしたか？　船酔いはしませんでしたか？　松山バレエ団の素晴らしい『くるみ割り人形』を鑑賞できて良かったね！　今日の感動が、将来への夢を育てるきっかけになるかもしれませんよ。クララのような優しくて強い心を育て、島の人々と自然を大切にする人になってください。屋久島出身、髙橋

「くるみ割り人形」鹿児島公演で。（右から）松山バレエ団の清水哲太郎さんと森下洋子さん、私、稲盛さん夫妻、私の妻

忠仁」

小さな善という点に関して、名前も知らず、顔も覚えていませんが、お礼を伝えたい方が私にはいます。

22歳の頃、朝の小田急の満員電車が、いつものことですが新宿駅手前で長時間止まってしまいました。私はたまたま座席に座っていて、ふと前を見ると、高齢の男性が立っています。「どうぞ」と席を譲りました。男性はポケットから手帳を取り出し、何か書いて、そのページをきれいに破って私に渡しながら「ありがとう。若い頃から山を歩いて足腰を鍛えているんだが…」と言いました。

貧しい自分には、席を譲るくらいのことしかできませんでした。しかし、その時に頂いた走り書きの礼状は、これまでの人生で一番記憶に残っている〝表彰状〟です。そこには「人生七十　古来稀なり」と書かれていました。

自分のできる範囲で、他人のために尽くすことが大事だと思います。事の大小ではないはずです。

世のため人のために

7月に始まった私の「わが人生」は、いよいよ大詰めです。この連載は、自分自身の歩みを振り返る絶好の機会になりました。多くの素晴らしい方々と巡り会えたこと、故郷・屋久島の大いなる自然に抱かれたことに、改めて深く感謝しております。

20代、全くの暗中模索の挑戦と挫折の日々の中で、磯崎忠男さんに出会い、〝神の啓示〟を受けたことで人生が好転しました。40代、企業経営の在り方を模索する中で稲盛和夫さんに出会い、人生と経営に対する分かりやすく、そして深遠な哲学を実践で教えていただきました。お二人は大恩人です。

稲盛哲学の学びと実践の場が今はなき「盛和塾」であり、現在は「フィロソフィー経営実践塾横浜」がその志を継いでいます。今年も恒例の箱根合宿を9月21日から1泊で行いました。国内外から80人が参加、講師を務めた福島裕さんは業務用冷蔵庫や冷蔵冷凍ショーケースなどの製造・販売で飛躍を続けるフクシマガリレイ株式会社の会長です。ド真剣な勉強会、和気あいあいの懇親会、肩を組み合ったカラオケ大会。合宿で話題になった一つが、米大リーグで超人的な活躍を続ける大谷翔平さん。彼の愛読書が稲盛さんの名著「生き方─人間として一番大切なこと」だというのです。稲盛哲学の普遍性を示す証左でしょう。

私は生まれ育った屋久島の自然を愛し、感謝しています。連載のプロローグ編で紹介しましたが、幼少期の小舟に始まって、75歳の今もカヤックで1人静かに海や川に出ます。黒潮の流れ、うねり、波、潮の干満に伴う汽水域の魚や鳥の活動、照葉樹林から吹いて来る風、沈みゆく真っ赤な夕日─。全ての存在に仏性が宿る「山川草木悉皆成仏《さんせんそうもくしっかいじょうぶつ》」を感じ続けてきました。

私の信念は「自分のできる範囲で世のため、人のために尽くす」です。これからも人を大事に、自然を大事に、一歩一歩進みたいと思っています。

最後に、父が作詞した「人生航路」の歌詞を紹介したいと思います。これに演歌調のメ

故郷・屋久島の一湊《いっそう》の川で。人力で水面すれすれを静かに進むカヤックは、水中の生物の気配を感じながら自然と一体になれる＝2022年

ロディーをつけて、家族が集まるといつも合唱しました。家族を励まし続けてくれた応援歌です。

（一番）夢がなければ　生きらりょか／暗い浮き世の　いばら道／明日の為なら　泣きもしよか／進め　人生　航海に

（二番）ままよ　この身を　沈ませて／浮かぶ　瀬もある　浮き世なら／目指す　光は　遠くとも／進め　人生　航海に

番外編

ここからは「わが人生」番外編。
新聞連載で書けなかった10の
テーマをつづります。

親鸞聖人とのご縁

私は現世を生きている全ての人は、過去に生きた無数の人々からの肉体的、精神的な縁の中で生きていると考えています。数えきれない多くの人々から有形無形、大小の恩恵を受けています。神奈川新聞に「わが人生」をつづる機会を頂き、そのことにあらためて気がつきました。

自覚していない深いところで、絶えず親鸞聖人（浄土真宗）の教えに包まれていました。例えば、父が香港で裁かれた戦犯裁判。父が肌身離さず持っていたお守りが裁判官の心証を良くしたことを書きましたが、そのお守りには親鸞聖人が説いた「正信偈《しょうしんげ》」という経文があり、父は法廷でその全文を唱えたそうです。

父の世代の人々は幼少期に屋久島・一湊の願船寺《がんせんじ》（浄土真宗）に行き、「正信偈」を音読し暗記したそうです。それもあって、父は無罪になりました。もし「正信偈」のお守りがなかったら、私はこの世に生を受けていなかったでしょう。このお守りは10代の後半、台湾に住んでいた父に、屋久島の父の母が贈ったものだそうです。

私は20代の頃、転職と挫折を繰り返していた日々に、なぜか「歎異抄」を読んでいました。「歎異抄」は親鸞聖人の直弟子、唯円がまとめたとされる聖人の教えです。そのなか

父が愛読していた、親鸞の教えをまとめた門徒読本

の「悪人正機説」に、私は強く惹《ひ》かれていました。そんな折に磯崎忠男さんにお会いし、〝神の啓示〟を受けました。その時から人生が好転し始めました。

磯崎さんは私の大恩人で、徹底した〝利他行〟の人でした。私をはじめ、企業創業期で苦しんでいる若手経営者を物心両面でサポートして頂きました。亡くなるまで自分が末期がんであることを周囲に言わず、大きな財産も残しませんでした。１９９９年に磯崎さんが亡くなってから今日まで、命日には必ず墓参りをしていますが、その菩提寺は水戸市の林光寺。浄土真宗のお寺です。

墓参の帰途、私は笠間市稲田の西念寺にお参りします。親鸞聖人が20年間、お住まいになった浄土真宗発祥の聖地です。

40代になって、稲盛和夫さんという偉大な師に巡り合いました。稲盛さんは晩年、日本航空（ＪＡＬ）を再建し、再上場した後、主宰する盛和塾の塾生に「自分の人生が、なぜこんなにも素晴らしい結果を生んだのか。それは幼少から日々『南無南無ありがとう』と唱え続けてきたからではないだろうか」と話しておりました。

その言葉は幼い日にお父さまに連れられて、ちょうちんの明かりを頼りに夜の山寺に行った折、薩摩の隠れ念仏（浄土真宗）のお坊さんに教えられたということです。

父、磯崎さん、稲盛さん、そして私も親鸞聖人のお教えのご縁を頂いたことを、深く深く感謝しております。

素晴らしき教育者

わが青春の鹿児島高専―。とはいえ、神奈川県には高専がないので、県民の方には高専がなじみが薄いかもしれません。神奈川県は国内トップクラスの電気、機械産業の集積地です。おそらく数千人の高専卒業者が中堅・中核のエンジニアとして神奈川経済を支えているでしょう。

そこで高専についてもっと知っていただきたく、連載に登場した河野《かわの》良弘先輩（元鹿児

名誉卒業祝賀会で鹿児島高専の先生らと。前列左から河野良弘名誉教授、相良正典同窓会元会長、谷口功国立高専機構理事長、私、氷室昭三校長

島高専副校長、同名誉教授、工学博士）に、ご自身の高専時代を振り返って一文を寄せてもらいました。河野さんは鹿児島高専卒業以来、人生の全てを母校と地域の発展にささげてきた素晴らしい教育者です。

「われわれ鹿児島高専一期生の仮寮は旧日当山《ひなたやま》村（現・霧島市）役場の建物を改造した建屋とプレハブ造りの建物の２棟で、寮生約80人が１年間、生活を共にしました。部屋は８畳程度の和室で、１人当たりの専有面積は畳２枚、その半分は勉強机。布団を敷くと部屋中が布団で占領され、深夜、トイレに行くのに友人の足や頭を踏みつけてしまいます。

当時、ラーメンが50円でしたが、高専の学生に30円で食べさせてくれる食堂がありました。高専がある隼人町の住民が高専に期待し、その学生をかわいがってくれました。

寮生活で体験した不自由や我慢が今になって見れば楽しく、貴重な体験でした。私はそれ以来、ずっと鹿児島高専と共に歩んできましたが、高専の寮生には常々、不自由さに耐えること、わがままを言わないこと、他人に迷惑をかけないことを説いてきました。

また産学連携の社会的要望に応えるべく、1997（平成9）年に創造教育研究センターを鹿児島高専内に立ち上げ、初代センター長に就任。教職員と学生が一丸となって21世紀の創造性に富んだ開発型技術者を養成するとともに、地域の産業や文化振興に貢献できるよう、努力を続けています」

高専は全国に国公私立合わせて58校あり、学生総数は約6万人。その若者たちを河野先輩のような情熱的な先生方が育てています。教育の柱は高専本来の勉強とともに「人間力向上」「地域コミュニティーとの連携」が掲げられています。

私は米国、中国、シンガポールなどで会社を起こし、多くの外国の人々と仕事をしてきました。日本人の良さ、日本企業の強さの一端は河野先輩が説き、実践してきたことに集約されると思います。

今、企業もコミュニティーも国家も国際社会も、過度な個人主義、利己主義にさいなまれています。わが師・稲盛和夫さんや実践的経済学者・思想家のジャック・アタリをはじめ、内外の識者たちが「〝利他の思想〟を取り入れないと人類の未来は危険だ」と主張しています。それは、河野良弘さんが長年説いていることでもあります。

会社は「必要悪」である

1998年にPALTEKを株式上場し、その後、㈱レスターホールディングス代表取締役を務めた（2023年まで）約25年間、投資家や株主向けの広報活動（インベスター・リレーションズ）の最前線に立って活動し、インベスター・リレーションズ協議会から表彰もされました。

しかし、私の中には深い葛藤が今も続いています。会社という存在に対する基本的な懐疑です。

企業、特に上場企業は持続的継続性（ゴーイング・コンサーン）が強く求められます。一方で、企業持続のために雇用の継続が犠牲になるケースが多々あります。今、この瞬間

日産の人員削減策について
報じる神奈川新聞記事

も国内外の有名企業の人員削減計画が目白押しです。削減の主たる対象は50代以上、勤続20年といった社員です。高校や大学を卒業して以来、営々と頑張ってきた人々を人生の途上で非情に放り出す――。企業存続のためという大義名分はあるが、どこかおかしいのではないか。

私はこれまで有名な経済誌や大手銀行の機関紙などのインタビューを受け、「会社は必要悪である」という趣旨の発言をしてきました。以下、私見を述べます。

会社制度は主にヨーロッパ人が作ったもので、ここ200年、300年ほど続いてきたというだけの、要は人が生きるための手法でしかありません。例えばビジネスの世界についてこられないからといって、その人は人間失格という訳ではないでしょ。みんな疲れています。あえいでいます。

でも、株式会社制度に替わる、より良き普遍性と汎用性を持った代替システムがまだ見つかりません。偉大な思想家が現れ、それを提示してくれることを切に望んでいますが、現在の先進国は人類が集団で生きていくための新しい思想と方法をまだ手にしていません。

人間が他の生物と同じエネルギー摂取の仕方に戻ると、1億人弱しか生きられないだろうと言われています。つまり、人類はかなり「いびつ」な形でエネルギーを摂取していることになり、それを支えているのが会社です。

今仮に株式会社という制度を地球から消したら、どうなるでしょう。当然ですが、電気、ガス、水道、通信、コンピューター、交通など全てが止まってしまいます。そんな状況下で1カ月間生き延びる自信がある人は、大都市にはいないでしょう。

一生懸命働いてきた多くの人々が、人生途上で立ち行かなくなる株式会社制度。それが

「善」であるとは、どうしても思えません。私が「会社は必要悪」というゆえんです。

人類には会社に替わる新しい制度、手段を見いだす英知があると信じています。その時がくるまで、稲盛和夫さんが説く「利他心」に基づいて、株式会社制度を、たとえわずかでもより良い方向に改善する努力を続けようと思います。

人材の国際化目指す

私はＰＡＬＴＥＫ創業時から「日本企業は真の国際化を目指すべきで、そのためには人材の国際化が不可欠」という考えを貫いてきました。

連載に何度か登場した創業時からの同志である元副社長のデーヴさんは米国人、「フィロソフィー手帳」を共に作った幹部たちは米国人、アイルランド人、ギリシャ人、そして日本人。米国のシリコンバレーに作った子会社の社長はスタンフォード大学で、またテキサスの子会社の社長はコロラド州デンバー市で、それぞれ求人・面談して採用しました。

なぜ、そのように考えたのでしょうか。それは日本が大きな分岐点に立っているからです。日本は明治以来、欧米先進国を猛烈にキャッチアップ（追いかけ、追い付く）し、成功しました。その理由の一つは、日本人がレベルの高い均一同質的な集団であったからで

空港で偶然見かけ、写真に収めたボンバルディア製「アイベックスエアラインズ」の機体

す（このことは、これからも日本の競争力の源泉の一つではありますが）。

そして〝不幸にも〟経済的に先進国に追いつきました。ところが、そこで風景が一変してしまいました。社会が量的充足の時代から質的充足に激変したのです。日本の電機メーカーの家電民生部門は対応できず、ほぼ消滅し、多くの雇用が失われました。キャッチアップ型高度成長期の同質集団、同質意見から、より創造的で多様な価値観が必要になりました。ＰＡＬＴＥＫでは10カ国以上の人材を集めました。

今、シリコンバレー発の米国企業が世界経済を席巻していますが、そのトップの多くは（米国籍を有していますが）出身は米国ではありません。例えば、頭文字を取ってＧＡＦＡ（ガーファ）と総称されるグーグル、アマゾン、フェイスブック、アップルなどにはインド出身者が多く、半導体大手のＮＶＤＡ（エヌビディア）、ＡＭＤ（エーエムディ）は台湾出身者、またＥＶ自動車大手テスラのイーロン・マスクは南アフリカ出身です。

日本人だけで、いくら素晴らしいものを生み出しても、日本人の思考範囲内での素晴らしさに過ぎません。日本選抜チームと世界選抜チームが戦っているようなものです。それぞれの素晴らしさの掛け算が必要です。

そのためには、世界中の人々に堂々と呼び掛けられる哲学が必要です。幸いにも、観光のインバウンド数から考えると、世界には日本が大好きな有能な人材が多数います。人材の国際化、まだ間に合うと信じています。

ここで余談を一つ。米国の子会社を行き来している時、米国の国内航空便の便利さと安さに触発されて、日本の国内航空便を活性化すべく、１９９９年に仲間と航空会社を立ち上げました。現在の「アイベックスエアラインズ」です。

「相転移」を加速せよ

「ユニークな発想を実践していますね」と、よく言われます。同業仲間や大学（慶応、一橋など）のほか、いろいろな場で講演してきました。なぜでしょう。徒手空拳で会社を起こし、上司がいないために、多くの課題に自ら解答を見いだすしかなかったことが最大の〝幸運〟でした。私の思考の中で、高専の理系教育と独学の文系的知識が融合・発展していました。

例えば、ごく自然に会社の展開・進行を図表化し、時間軸的な視点を加えて四次元的に把握していました。無意識のうちに、高専で習った「図学」の発想をしていました。図学は苦手でしたが。また、物理や熱力学の授業で学んだ物質の「相転移」の考え方が、会社経営のなかで融合・昇華・発展し、独自の経営手法になりました。以下は、2002年に稲盛和夫さんの依頼で、稲盛さんの母校・鹿児島大学の稲盛経営技術アカデミーで行った講義の一部です。

人間の所為も、自然の物理現象で説明できます。物理の「相転移」は、例えば水（液体相）が氷（固体相）や水蒸気（気体相）に変わること。水は0℃から100℃の間で冷たい、ぬるい、熱いは別として、水として同じ挙動をします。ところが、0℃以下で氷にな

凍結した湖面の氷がせり上がる諏訪湖の御神渡り　©諏訪地域振興局

ると、全く異なる挙動になります。昨日までの水たまりが、今朝は凍って歩くと滑ってしまいます。H_2Oとしては何も変わらないのですが、「相」が変わる。

　これを長野県・諏訪湖の「御神《おみ》渡り」の現象で説明しましょう。湖の水温は真夏の8月から9月、10月、11月、12月、1月と徐々に下がって行きます。ところが、エネルギーはどんどん失われても、岸からの眺めは変わりません。そして8年に一度くらいですが、ある2月の非常に強い寒気が襲った朝、全面結氷が進み、氷が押し合い、巨大な氷の筋が湖面を走り、様相が一変します。これが「御神渡り」です。

人間社会も個人、会社、国家レベルを問わず、同じではないでしょうか。日々の悩みごと、不満、要求が少しずつ少しずつ降り積もり、あるレベルを超えると、突然、一気に噴き出して挙動を変える。キーワードで言うと、集団から個へ、均一から多様へ、量から質への「相転移」が日本で起きました。企業の社会的な役割が、「見えていた需要」に向けて安くて良い物を大量に提供することから、「見えていない需要」に向けて自ら多様な価値を創造・提案することに急変したのです。しかし、この大転換は従来のコンセンサス（合意形成）重視の経営では時間がかかりすぎて容易ではなく、30年近く停滞が続きました。

しかし、2020年頃から、やっと進むべき方向のコンセンサスが醸成されてきました。方向が決まれば、同一均質集団の日本ですから加速しやすい。日本は復活できると信じています。

実践者・川端健嗣さん

家庭用品の総合商社・物流サービスの㈱カワタキコーポレーション（本社・京都市）の代表取締役、川端健嗣さんは1996年、盛和塾全国大会で私とともに経営体験発表をし

川端健嗣さん（右）と稲盛さん

て以来、学び合う仲間です。盛和塾解散後、稲盛哲学を継承する塾が世界各地にできて、年に一度の「こころを高める　経営を伸ばす」世界大会が日本で開かれるようになり、川端さんは同社社員と一丸になって、1年がかりでほぼ全ての準備作業をしていただいています。稲盛さんが説いた「利他行《りたぎょう》」を全力で実践している尊敬すべき方です。

川端さんは14歳の時に同社社長だった父が病に倒れ、大学進学は「家業との両立」が条件でした。大学卒業後、専務に就任。経営者としての考え、哲学を模索する日々が続きました。84年、盛友塾（盛和塾の前身）入塾。初めて聴いた稲盛さんの教えに強い衝撃を受けました。その話は「人間としてあるべき姿という本質で物事を判断したことが、京セラの今日をつくった」という趣旨でした。

その後、学びと実践の試行錯誤を経て好業績を達成し、96年、盛和塾全国大会で「稲盛経営者賞」を受賞（ちなみに私は川端さんに次ぐ2位）。これが冒頭に書いた私との出会いになりました。社の朝礼でその報告をすると、社員から自然に大きな拍手が沸き起こり、「これが心のつながりか」と実感したそうです。

２０００年には会社買収、同業他社のひぼう中傷、小売り支援業務の半減、取引先との訴訟など数々の難局に直面。強い闘志で一つ一つの課題に向き合っているうちに、何かに導かれるように流れが変わりました。競争で負けた物流事業の受託が復活し、首都圏で初の物流事業を獲得するなど「利他の心」が回り回って自らにも良き結果をもたらせてくれることを実感したと言います。

川端さんは「良き事を思う心は次の失敗を未然に防ぐだけでなく、運命すらも良い方向に変えていく」という稲盛さんの教えに得心しました。今あることに積極的に集中すると、人間関係に限らず、どんな問題でも常に前向きに解決策を求めるようになる。つまり、心の持ちようで経営も人生も良い方向に持っていける。人は苦難に遭うと運命を嘆くが、実は苦難の中にこそ幸せになるための鍵があるのだ。

川端さんは、こう話しています。「心を高めることができれば、それまで『鉄の壁』と思っていたものが『しょうじ、ふすま』のようにサーッと開いていきます。順調な時は油断や甘えが生じる。逆に試練が続く時は、次の成功への種をまいています」

「常に謙虚であれ」という塾長の言葉を胸に、川端さんは「慢心せず、チャレンジを続けていきたい」と明日を見つめています。

「心を高める　経営を伸ばす」世界大会

私は今でも稲盛哲学を普及すべく、日々活動しています。その一つが先に紹介した川端健嗣さん中心の「心を高める　経営を伸ばす」世界大会です。私は2022年、第2回大会（国内外から約1400人参加）で経営体験を発表しました。直近では24年12月4日、京都で第4回が開かれ、米国、中国など5カ国から計約1600人が参加。私は連絡事務局世話人として、以下のような開会あいさつをしました。

「ここ国立京都国際会館は、旧盛和塾の全国大会が何度も開かれた稲盛塾長の魂が宿っ

2024年、世界大会の壇上でスピーチした

ている場所です。旧稲盛塾は解散いたしました。今回で4回目を迎えますこの世界大会は、国内外で皆さんが自主的、自発的にそれぞれに立ち上げた新たな塾の年1回の合同勉強会です。

塾長は最後にわれわれに次のメッセージを残しました。『この盛和塾でともされた灯は決して消えることなく、これからも皆さんの手によって受け継がれ、世界の隅々までも照らし出していく力を持っていると信じています。ソウルメイトである皆さん塾生は、私の心の中に生き続けます。同じように、皆さんの今後の経営に私のフィロソフィーが生き続けることを願っております』

塾長はいつも『来世は必ずある。輪廻転生は必ずある』とおっしゃっていました。今日もこの会場にいらっしゃるはずです。『経営者は大胆さと細心さ、ド真剣さとユーモラスなど二つの相矛盾するものを綾織のように織りなしていかねばなりません』と説き、勉強会では常に怖いほどド真剣であり、懇親会コンパでは時には抱腹絶倒するくらいお茶目でした。私たちも今日一日、そうしましょう。塾長は皆さんの発表をド真剣な顔で聞き、懇親会では満面の笑みをたたえながら歓談を聞いていると思います。

塾長が旧盛和塾で実践し示していただいた利他行《りたぎょう》は素晴らしいものでした。例えば、盛和塾機関誌は通巻156号、365万冊以上印刷されたそうですが、どの号、どのページを開いても、塾長は一人一人の塾生に寄り添い、把握して物心両面からの具体的アドバイスをしています。どんな小さな会社でも、大きな会社でも、です。

皆さん、不思議ではありませんか。この時期、塾長は人生の中で超多忙な時でした。京セラ、KDDI、京都賞、さらに民主党をサポートしての国政改革、JAL再建、その他、国内外で多くの公職を務め、それら膨大な激務が同時並行している最中でした。

塾長の盛和塾活動は100%ボランティアですから、全て利他行でした。肉体的には疲労困憊《こんぱい》していたであろう塾長が、それでも一人一人の塾生の悩みを全身全霊受け止めていただいた。人生は利己よりも利他の方が素晴らしいものになる、そのことを壮大なスケールで見せてくださいました。われわれは利他行を実践した塾長の生きざまに学び、それぞれのできる範囲で実践することが塾長のご恩に報い、感謝することになると考えます

（中略）

さあ！　今日一日、稲盛経営哲学が皆さんの魂に届く素晴らしい日になることを祈念して開会あいさつとさせて頂きます」

辺境からの視点

人類は国境を巡って、絶え間なく凄惨な戦争を繰り返してきました。今もロシアとウクライナ、イスラエルと反イスラエル国家が戦っており、日々、多くの命が失われています。これらの報道に接するたびに、私はいつも「国境とはなんだ」と考えてしまいます。

２００１年４月、東洋経済新報社発行の雑誌「ベンチャークラブ」が、５ページにわたって私を取り上げてくれました。そこで私は、屋久島で生まれ育った体験に基づいて自論を述べました。以下、その要旨です。

現在では想像もつきませんが、１９７０年ごろ、本土（北海道、本州、四国、九州）の方々に「出身はどこ?」と聞かれて「屋久島」と答えますと「知らないね。それ、日本かい?」とよく言われました。その方々に悪意は全くありません。ただ、日本の周辺についてあまりにも無知、無関心でした。

そこで国会図書館に通って、屋久島に関する本を片っ端から読んでみました。結果、分かったのは歴史教科書の記述が奈良、京都、鎌倉、江戸などの中央部が中心で、著しく偏っているということです。

島国の日本は周辺の島々（国境地帯）を介して海外と交流し、発展してきました。と

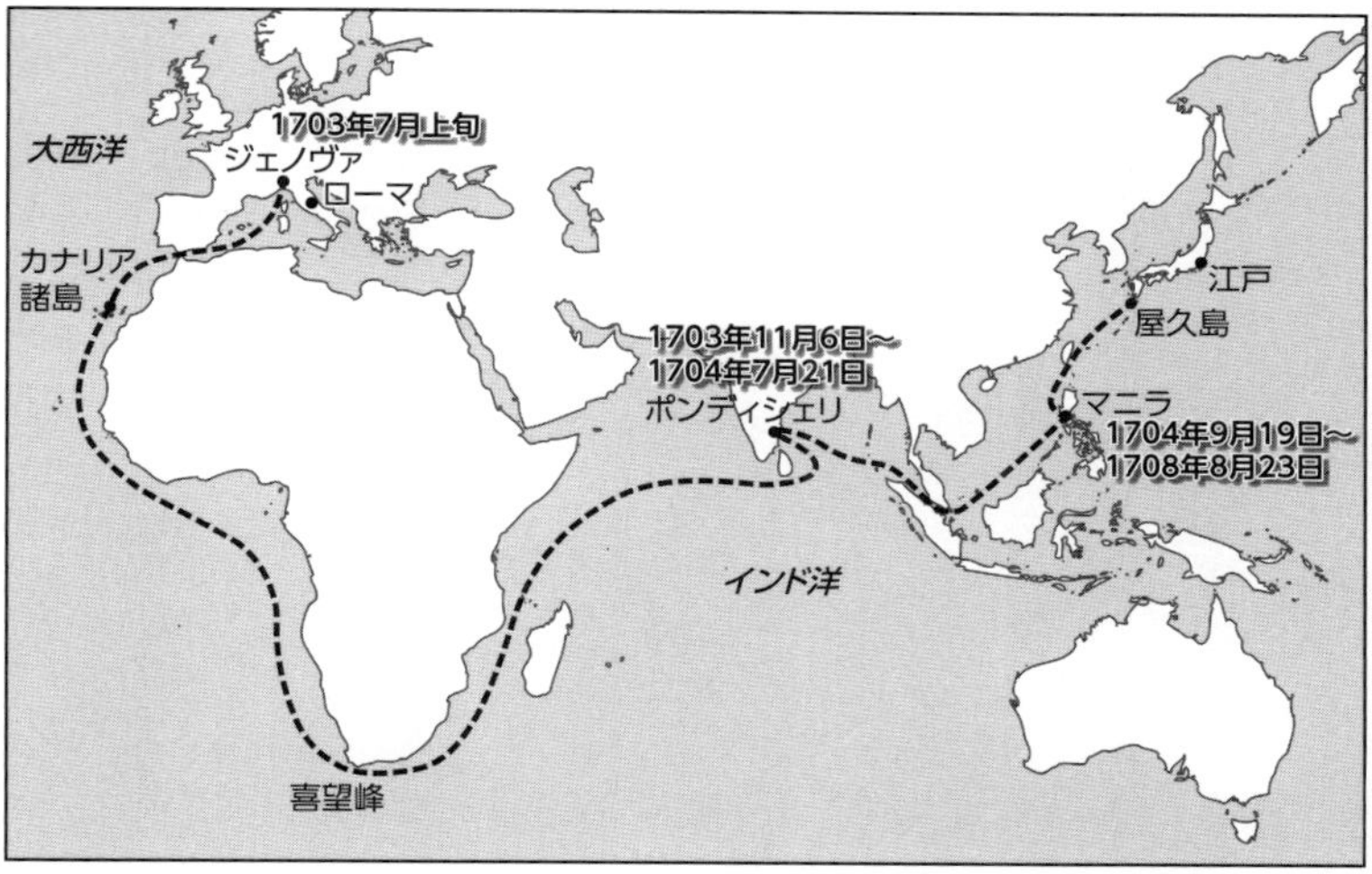

ジェノヴァからインド航路で屋久島にたどり着いたシドッティの航路図

ころが、その交流に周辺の島民たちが命がけで貢献したことは、教科書には全く記述されていません。

例えば、奈良時代の唐の高僧・鑑真和上、江戸時代のイタリア人カトリック司祭シドッティ。2人とも日本の文化に多大な影響を与え、貢献した人物です。歴史の教科書を読むと、鑑真が奈良に唐招提寺を造った、朱子学者の新井白石が江戸の切支丹屋敷牢でシドッティを尋問して「西洋紀聞」を著したとあります。その記述だけでは、生徒たちは奈良や江戸での出来事を暗記しても、周辺（辺境）の住民たちと2人の外国人の間に深い交流があったことについては知り得ません。

そういう教育では思考が内向きになり、インターナショナルな視野を持つ人材は育ちにくい。実は、鑑真もシドッティも九州上陸前に大変な困難に遭遇し、屋久島の人たちが命がけで2人を救助、介抱して本土まで送ったのです。そういう状況は、屋久島に限ったことではありませんでした。遣唐使の渡航の陰には、長崎・五島列島の島民の献身的な助力がありました。それら〝辺境の史実〟は、教科書に載っていません。

私の仕事で言えば、コンピューターのCPU（中央演算処理部）のみが強調されて、外部との情報をやり取りするインターフェースの大切さの記述が（教科書には）欠落している。

インターフェースの意味は2者間の境界面、接点、国家間で言えば国境です。

私の実感では、多くの日本人が善意の無意識のうちに周辺（国境地帯、ほとんどは離島）を無視し、差別しています。そして、日本周辺の島々は国境にあるが故に、地政学的に強い緊張を強いられる時代を迎えています。

人類は、一日も早く国境という概念を超えるべきだと痛感しています。

ＰＡＬＴＥＫ現社長・福田光治君に聞く

私は２０２２年３月、ＰＡＬＴＥＫ代表取締役社長の座を、福田光治君にバトンタッチしました。創業以来40年目で、経営から完全に手を引きました。

福田君はＰＡＬＴＥＫ生え抜きです。１９８０年生まれという若さですが、素晴らしい経営者で、現在は株式会社レスターの執行役員も兼任しています。私と同様、高専に学び、国立東京工業高等専門学校（東京都八王子市）の電気工学科を卒業しました。以下は過日、彼が語ってくれた自身の折々の思いの一部です。

「高専の寮生活では、泥臭い人間関係の構築の大事さを学びました。研究室では化合物半導体の製造を経験。半導体の検証のためにＦＰＧＡを使用し、そこで初めてＰＡＬＴＥＫの存在を知りました。ＰＡＬＴＥＫのホームページにはＦＰＧＡに関するさまざまな技術資料が公開されており、それらを〝虎の巻〟として活用し、研究を進めました。その経験が就職活動に生き、ＰＡＬＴＥＫという会社に興味を持ちました。

面接試験でＰＡＬＴＥＫ創業者・高橋忠仁さんと出会い、その思いや考え方に共感し、入社しました。

PALTEK社長の福田光治君

エンジニアとして、多くの先輩や上司に、厳しくも愛情を持って育てていただきました。PALTEKの『多様な存在との共生』という経営理念のもと、新しい技術やテクノロジーに積極的に挑戦しました。エンジニアとしては技術の探求や調査は非常に楽しい時間でしたが、事業化は容易ではありませんでした。

一方、チームの管理やマネジメントでは、多くの失敗を繰り返してきました。チームスタッフやパートナーに支えられて何とか忍んできたと言った方が正確かもしれません。迷ったり、悩んだりした時は、入社時に配布されたPALTEKフィロソフィー手帳が、考え方や心の持ち方などの面で道しるべになり、支えになりました。

半導体業界では、2000年ごろから巨額のM&Aが多発し、再編の大波小波が絶えず押し寄せてきました。私も、取り残されまいと必死に頑張りました。そんな折、業界再編を主導していたレスターとの出合いが、私たちの環境を大きく変えてくれたのです。

ＰＡＬＴＥＫ一筋だった私は、他の会社の環境や文化、ビジョンなどを知りませんでした。そんな中、レスターとの合併交渉の場で初めてお互いを知る機会を得ました。すると、ＰＡＬＴＥＫの理念と共通する部分が非常に多く、親和性が高いと感じました。結果として、私たちは順調かつ無事にレスターの一員に迎えられました。このことを社員一同と共に心から感謝しております。

レスターは半導体商社国内第2位（24年売上５０００億円超）です。そのスケールでないと得られない質の高い情報、人脈を有しています。『エレクトロニクスの情報プラットフォーマー』を標榜《ひょうぼう》し、これからも社会に貢献できる事業活動を推進してまいります」

半導体業界、これからも激しい変革そして発展が続きます。ＰＡＬＴＥＫ、レスター関係者が心を合わせて変化をチャンスにして一段と大きなグローバル企業になることを心から祈念しております。

失敗を恐れず挑戦し続ける

振り返ると、わが人生の原動力は、その時その時の細やかな利他心（利己を少し抑える）と絶えない挑戦、不屈の闘志でした。

10代〜20代半ばまでは、ことごとく失敗と挫折の連続でした。20代後半、磯崎忠男さんに出会い、挑戦する時ほど笑顔が必要なことを教わりました。そこから、成功の確率が高まっていきました。借家で始めた会社を16年間で上場企業にすることもできました。

40代、稲盛和夫さんが主宰する盛和塾に入れていただき、人間として経営者として真の実践哲学の必要性に目覚め、約30年間、多くの仲間と共に「心を高め、経営を伸ばす」ための精進の日々を送り、今に至っています。

本書を締めくくるに当たって「ＰＡＬＴＥＫフィロソフィー手帳」の第2章「素晴らしい人生を送るために」の第2節「失敗を恐れずに挑戦し続ける」の要点を紹介させていただきます。

素晴らしい人生を送るためには、いかなる場合でも主体的に生きることが大事です。しかし、それはただ黙って待っているだけ（「棚からぼたもちが落ちてくる」式に）ではマスターできません。むしろ逆に、棚にジャンプしてみる。それでもだめなら、はしごを使っ

豪タリー川でラフティングを楽しむ筆者（矢印）と妻（左隣）ら＝1996年

て登ってでも、ぼたもちを手に入れるくらいの意気込みが必要です。

まず、下手でも未熟でも未経験でもいいから、生活のあらゆる場面で前向きで積極的に挑戦することです。

しかし、それでも最初はほとんど失敗するでしょう。当然です。失敗したら失敗をごまかさず、しっかり失敗を見つめて反省し、再挑戦するだけです。失敗を恐れないでください。恐れるべきは、挑戦を恐れる心に人生を支配されることです。恐れ、ちゅうちょしていては、生き生きとした人生は送れません。

歴史上、偉大な仕事を成し遂げて素

晴らしい人生を送った人々で、失敗や挫折の悲哀を経験しなかった人がいるでしょうか。いや、むしろ不完全燃焼の人生を送った多くの人々より数倍、数十倍の失敗や挫折を味わい、かみしめたはずです。そして、その中から見つけ、体得したことこそが主体的な生き方の原動力になり、素晴らしい人生が送れたはずです。

Growth Through Challenge（挑戦を通して成長する）。それは、より高いハードルへの挑戦を通じた個人の成長です。その中から自分とは何か、自分らしく生きるとは何かが少しずつ、少しずつ自覚できてきます。その自覚こそが素晴らしい人生を送るための出発点であり、原動力になるのです。

著者略歴

髙橋　忠仁　（たかはし・ただひと）

　1948年、鹿児島県屋久島町出身。鹿児島高専電気工学科５年中退。上京し法律事務所などで働く。82年、半導体関連製品を扱う株式会社「ＰＡＬＴＥＫ（パルテック）」を横浜市で設立。大量生産ではなく付加価値の高い多品種少量生産を支え、98年に株式上場。2020年、故・稲盛和夫さんの教えを実践する「フィロソフィー経営実践塾横浜」を同志と立ち上げ代表世話人に就く。鹿児島高専栄誉教授。横浜市在住。

わが人生28　多様な存在との共生

2025年３月３日　初版発行

著　　者　髙橋忠仁

発　　行　神奈川新聞社
〒231-8445 横浜市中区太田町2-23
電話 045(227)0850（出版メディア部）

ISBN978-4-87645-689-5　C0095

神奈川新聞社「わが人生」シリーズ

8 水族館へようこそ　新江ノ島水族館館長　堀　由紀子

9 横浜中華街 街づくりは たたかいだ　萬珍樓社長　林　兼正

10 ヨコハマ邂逅《かいこう》 ものづくり企業の挑戦　神谷コーポレーション会長　神谷　光信

11 生かされて生きる 「捨ててこそ」の実践　時宗法主、遊行74代　他阿　真円

12 「未知」という選択 世界のレオ 創造の軌跡　物理学者・横浜薬科大学学長　江崎玲於奈

13 郷土を愛する心 社会奉仕に生涯を　神奈川県観光協会会長・川崎港振興協会会長　斎藤　文夫

14 学ぶ力 働く力 生き抜く力　学校法人柏木学園学園長　柏木　照明

神奈川新聞社「わが人生」シリーズ

22 公に尽くす　元衆院議員（大蔵大臣・財務大臣）藤井　裕久

23 わが駅伝人生にゴールなし　東京国際大学特命教授 駅伝部総監督　横溝　三郎

24 貝と漆　横浜芝山漆器と七十年　芝山漆器職人　宮﨑　輝生

25 克己と感謝と創造　―起業家人生を貫く信念　アルプス技研創業者　最高顧問　松井　利夫

26 縁と恩に有り難う　株式会社 潮 創業者　田中　俊孝

27 宇宙の一瞬をともに生きて　―議員、弁護士、…人間として　元参議院議員、弁護士　千葉　景子

※肩書は出版当時のもの